夢をお金で諦めたくないと思ったら

一生使える

投資脳

のつくり方

Emin
Yurumazu
エミン・
ユルマズ

一生使える
投資脳
のつくり方

いい投資家は優れたストーリーテラー

「投資にいちばん大切なのはストーリーです」

　こう私が講演や取材などで話すと、いつもきょとんとした顔をされます。いろんな機会でストーリーの大切さを何度も訴えてきましたが、なかなかうまく伝わりません。

　多くの人は投資で成功するには、たくさんの数字やデータを分析しなければならないと思い込んでいます。さらにストーリーという抽象的なものよりも、チャートや企業業績といった数字のほうがわかりやすく、解説している動画や書籍も豊富にあります。手っ取り早く儲けたい人は、投資のノウハウやどの株が上がるのかにばかり関心が向いており、回りくどいことを敬遠するのでしょう。

　しかしながら、ストーリーに基づいた投資（私はストーリー投資と呼んでいます）ができなければ、いつまで経っても大きな成功は収められないと思います。ストーリー投資は、どの投資にも応用できる本質的なものであり、また投資の基礎でもあるからです。私が知っている結果の出ている投資家は、みな優れたストーリーテラーでもあります。

　2024年からは新NISAが始まります。
　すでに高校での金融教育が義務化されており、今後も日本の個人投資家は増え続けるでしょう。そんななか、お金の不安に

つけ込んだ詐欺や危ない金融商品に気をつけなければなりません。ここでもストーリー投資が重要になります。自分の頭から生まれる投資アイデアはきわめてシンプルなストーリーだということを知っていれば、わからないものには手を出さなくなります。

　何もむずかしいことではありません。簡単にいえば、ストーリー投資とは、とことん自分の頭で考え、未来を予測するストーリーという"ものさし"を手に、売買のタイミングを判断することです。ニュースやデータを読み解く最低限の力は必要ですが、いまはあまりにも情報が多すぎます。たくさん情報を集めるよりも、惑わされずに、シンプルに考える訓練をしなければなりません。

　本来ならば、ストーリー投資は実際に体感してもらわなければ学べないものです。それを書籍で再現できるように、本書ではストーリーに沿って、クイズを解いていけば、自然と身につくように工夫しました。専門用語、数字やデータはなるべく使わないようにしつつも、ストーリー投資の神髄を詰め込んでいます。この1冊を読み終えるころには、一人前の投資家（ストーリーテラー）になっていることでしょう。

2023年9月　エミン・ユルマズ

Contents 目次

第1章 10倍株は幸せの青い鳥 015

第2章 株はニュースで動く 055

第3章 世界経済のなかのストーリー 099

Persons 登場人物一覧

ランプの精。資産運用のエキスパート。「お金持ちになりたい」と願うけど、何をしていいのかわからない迷える子羊たちに資産運用の方法を指南している。学生時代は生物学者を目指していたが、実験に使う動物たちがかわいそうで、経済アナリストの道に進む。

エミン先生

カルタくん

映画宣伝会社「コメット」で働く2年目社員。映画監督になりたいものの、いつまで経っても映画は完成しない。同じ会社のヒロカワ先輩に片想い中。憧れの先輩にプロポーズするために、お金持ちになりたい。

居酒屋チェーン「株式会社ダイズ」を創業。競争が激しい業界で苦戦するなか、起死回生の策として「ひとり湯豆腐専門店・これから湯豆腐」を立ち上げる。座右の銘は「努力は無限大」。

イケメン若社長

これから湯豆腐!!

ヒロカワ先輩

カルタくんと同じ映画宣伝会社に勤める。仕事ができ、オシャレで、はやりのお店に詳しい。投資には無関心。好きな俳優はレオナルド・ディカプリオ。好きな映画は『ぼくの名前はズッキーニ』。

儲かりまっせマン

SNSフォロワー数が10万人の投資系インフルエンサー。主に暗号資産（仮想通貨）、レバレッジ商品、流行のテーマ株など値動きの激しい商品を勧める。「サルでも儲けさせる」をモットーに、「いま買わないと損しますよ」「今日の高値は明日の安値」「買ってないのはあなただけ」などと煽るスタイル。

この株を買え!

Prologue プロローグ

「カネ・カネ・カネ！
　どうしてこの世はカネの話ばかりなんだ！」
この本の主人公であるカルタくんはすごく怒っています。

　2年前、カルタくんは映画の宣伝会社に就職しました。
「ぼくにはオスカーを獲る才能がある」といつも言っています。
ところが肝心の映画は、いつまで経っても完成しません。映画
を撮るのにはお金がかかりますが、カルタくんはお金がありま
せん。「カネさえあれば映画監督になれるのに」とため息ばかり
です。

　その一方で、実家がお金持ちの同級生たちには次々とチャン
スが舞い込んでいます。海外留学やCM撮影など、SNSではキラ
キラした別世界の出来事が毎日投稿されています。カルタくん
は悔しい気持ちになって、友だちの投稿に「いいね」が押せま
せん。心まで貧しくなってしまった自分が嫌になります。

　不安に押しつぶされそうな日々のなか、唯一の救いが会社の
ヒロカワ先輩です。いつも優しく、映画の趣味も合い、何時間
でも映画の話ができます。ある日、カルタくんは映画のチケッ
トを2枚買い、ヒロカワ先輩をデートに誘おうとしました。

　話しかけるタイミングをうかがっているうちに、カルタくん
は耳にしたのです。聞いてはいけない女性同士の会話を！

　ヒロカワ先輩の友人たちが、「私はパイロット」というと、周

10

りは「天文学者」「ギャングがいい」「絵描きも捨てがたい」と盛り上がっています。
　どうやら好みの異性のタイプを話しているようです。
　そして、ヒロカワ先輩の番が回ってきました。
　カルタくんは聞き耳を立てています。

　ヒロカワ先輩のことだから「優しい人」「誠実な人」「価値観の合う人」と答えるだろうと思っていたところ、ヒロカワ先輩は「投資家！」と大きな声で答えました。
　周りはどっと笑い声をあげ、「お金持ちは最高よね」とはやしたてます。

　偶然、聞いてしまったカルタくんは胸が張り裂けそうなほど、苦しく、情けなく、そして恥ずかしくなりました。

　映画はお金よりも大切なものを教えてくれます。
　映画のなかでお金持ちはいつも悪者です。
　それなのにヒロカワ先輩は、よりによってお金持ちの投資家がタイプのようです。

　夜、安アパートに帰ってきたカルタくんは、布団に入ってもなかなか眠れません。目を閉じると、新人のカルタくんがいくらミスをしても、笑顔でフォローしてくれるヒロカワ先輩の姿が浮かびます。先輩に近づこうとすると、先輩は「ごめんなさい。お金持ちが好きなの」と言って、高級外車の助手席に乗って、タワマンへ去ってしまいました。夢を見ていたのです。

　いつの間にか、カルタくんは泣いています。
　泣きながらカルタくんは、「お金持ちになりたいです」と願いました。

すると……
「お金持ちになりたいか？　カネが欲しいか？」という声がします。枕元のランプからモクモクと煙とともにエミン先生が現れます。
「お金持ちになりたいと願ったのはあなたですか？」

　驚いているカルタくんに、エミン先生は続けます。
「私は趣味でお金持ちになりたい人たちの夢を叶えているエミンです」

　カルタくんは驚いて声になりません。まだ夢の中だと思いました。黙ったままなので、「お金持ちになりたくないのですか？」といって、エミン先生は別の人のところに行こうとします。
　世の中はお金持ちになりたい人ばかりですから、エミン先生はいつも大忙しです。

　カルタくんは、ようやく声を出してエミン先生を呼び止めます。「ちょっと待ってください。本当にお金持ちになれるんですか？」

「私が教えられるのはお金持ちになるための投資手法だけです。本当にお金持ちになれるかどうかはあなた次第です」

　夢だとすればずいぶんケチだなと、カルタくんは思いました。
　ランプの精なのだから、呪文でパパッとお金持ちにしてもらいたいものです。

　それでも夢と恋を諦められないカルタくんは、「お金持ちになりたいです……。あまり初期費用がかからず、むずかしくも

なく、そしてできれば最速でお金持ちになれる方法をお願いします」と頭を下げます。

　随分と図々しい願いごとにエミン先生は少し考え込みますが、カルタくんの必死さに根負けします。「いいでしょう。少ない資産でお金持ちになるためのとっておきの方法をお教えしましょう。時間短縮のために、今回は特別に講義と実践を一緒にしたクイズ形式です。それでは10倍株（テンバガー）を探す旅に出発です！」と高らかに宣言しました。

第1章

10倍株は幸せの青い鳥

身近なところに溢れる10倍株のヒント

　テンバガー（10倍株）という言葉を聞いたことがあるでしょうか？

　バガーは野球で塁打を意味します。直訳すれば、テンバガーは10塁打になります。1試合で合計10塁打の大活躍をする選手のように、テンバガーはありえないほど株価が急騰した株、10倍になった（なりそうな）株を指します。

　私は大学院を出てから、証券会社に勤めました。投資のプロたちでも10倍株はそう簡単には見つけられません。しかしどのような株が10倍になるのかを調べてみると、意外にも身近で名前の聞いたことのある会社が多いことを発見しました。

　たとえば、ファーストリテイリング（ユニクロ）、ニトリ、神戸物産（業務スーパー）、アークランドサービスホールディングス（かつや　※2023年8月上場廃止）、ワークマン、パン・パシフィック・インターナショナルホールディングス（ドン・キホーテ）などです。共通点は、どれも実際に店舗を構え、商品やサービスを体験できる飲食や小売り業界です。

投資家への一歩は街に出かけること

　10倍株投資を世に広めたアメリカの著名投資家ピーター・リンチは、「街に行ってドーナツを食べることが株式の基礎的調査の第一歩」と言ってます。投資家たちがビジネスモデルの複雑な株を必死に分析している一方で、投資に興味のないパートナーや子どもが夢中になっているアパレルや飲食店の株が、いつの間にか10倍になっていたという例は珍しくありません。投資のヒントは家族や友人との何げない会話だったり、街で行列のできている店を見つけたり、売り切れで空っぽになってい

る棚だったりするのです。

　まるで童話の『青い鳥』みたいですよね。
　幸せの青い鳥を見つけるために、あちこちを探し回ってみて
も、結局、青い鳥はすぐそばにいたというお話です。10倍株を
探す旅では、お金よりも大切なものが見つかるかもしれないと
ころも似ています。

　この本では、架空の外食チェーン店「これから湯豆腐」が登
場します。架空といっても、実際のニュースや出来事を参考に
しているので、すぐに投資に生かせる知識を得られるでしょう。
また、これまでの投資情報は「どの株を買えばいいのか」「いつ
売ればいいのか」に重点が置かれていましたが、本書ではどう
すれば「売らない」判断ができるのかも丁寧に解説しています。
日々飛び交うニュースのなか、投資家の葛藤を主人公のカルタ
くんと一緒に体験してもらえればと思います。

　果たして、カルタくんは「幸せの10倍株」を見つけることが
できるでしょうか?
　あなたのすぐ近くにも気づいてもらうのを待っている10倍株
はきっとあります。ただし、それに気がつくためには遠い旅に
出なければならないのです。

Q.01 10倍株はネットで見つかるの？

キラキラした株はたくさんある

　朝、カルタくんが目覚めると、エミン先生はくつろいで朝食を取っていました。どうやら夢ではなかったようです。

　昨夜はあんなにお金持ちになりたいと思っていたカルタくんですが、清々しい朝日を浴びると不思議なもので気持ちが薄れてきます。でもエミン先生に頼んでしまった手前、仕方なくインターネットで「10倍株　オススメ」と検索し、値上がりしそうな株を探します。

　世の中には親切な人がいるようで、上がりそうな株がたくさん見つかりました。認知症の治療薬を開発していたり、プログラミングなしで簡単にホームページを作成できるサービスを提供したり、宇宙旅行を企画していたり。どの会社も将来は有望に見えます。

ここで問題です！

Quiz 10倍株はどこで探す？

Ⓐ プロが数字やデータを分析し、オススメしている株をネットで探す。

Ⓑ まずは身近な商品やサービスで気になるものを思い浮かべてみる。

株式投資で大切なのはストーリー

エミン先生、ほら、見てください。ネットで調べると、オススメの株がたくさん出てきました。

 人が勧めているという理由だけで株を買ってはいけません。どこまで上がるのか、いつ売却すればいいのかがわからず、すぐに手放すことになりやすい。

でも数字やデータがむずかしそうで、自分で探すのは大変そう……。

 そんなにむずかしいことではないよ。10倍株を見つけるためには、会社の成長ストーリーが描けるかどうかにかかっている。そのためには、よく知っている会社や好きな製品やサービスを提供している会社、わかりやすいビジネスモデルの会社に投資するのがいい。

ストーリー？　それは映画やドラマのストーリーと同じですか？

 そう、同じだよ。数字やデータも重要だけど、株式投資でいちばん大切なのはストーリーです。

映画と同じで、投資でも大切なのはストーリーなのか。

せっかく10倍株を見つけても、どこまで売上高は伸びるのか、どんなリスクがあるのかなど具体的なストーリーが描けないと、少しの変動で手放してしまう。10倍になるまで売らずに"握る"ためにも重要です。

正解は、ストーリーの描きやすい、身近なものから10倍株を探す⑧だ！

よくできました。正解は⑧です。

教えて エミン先生!

シンプルなストーリーを描け

　株はきわめてシンプルな投資です。製品やサービスがよく、たくさん売れるとその企業の株価は上がります。逆に売れなければ下がります。そして株式市場に上場している企業の製品やサービスに囲まれて私たちは生活をしています。その製品やサービスの良し悪しをすでに知っているので、日本株への投資には、はじめから大きなアドバンテージを持っているのです。

　経済学者のケインズは株式投資を美人投票にたとえました。自分がいいなと思っている企業ではなく、ほかの人たちがいいと思うような企業に投資したほうが有利だという意味です。それも1つの考え方ですが、初心者が10倍株を探すためには、自分の好きなものへ投資するほうがいいでしょう。たとえば、世界で最も成功している投資家のウォーレン・バフェットは、一貫してコカ・コーラに投資しています。彼がコカ・コーラの株を保有する理由は、きわめてシンプルです。それは自分はコーラが大好きだから。90歳を超えたいまでも毎日コーラを飲んでいるようです（後述しますが、バフェットの投資スタイルは、

成長著しい企業に投資し、10倍株を目指すタイプではありません。それでも銘柄選びの基本は変わりませんし、コカ・コーラの株価も10倍を達成しています）。

株はすごくピュアな投資

　コカ・コーラはすごくシンプルなビジネスモデルです。水に砂糖と秘伝のスパイスを加えるだけ。バフェットはたとえふさわしくない人が社長になったとしてもつぶれない会社を選ぶべきだとも言っています。ビジネスモデルが複雑になればなるほど、経営者の手腕に業績が左右されてしまうからです。

　シンプルなビジネスモデルなら、シンプルな投資ストーリーを描けます。バフェットがコカ・コーラの株を手放すのは、すなわちストーリーが崩れるとき。それは味が変わってしまい、自分が好きじゃなくなる、または、すごくからだに悪いという研究上の結果が出たときぐらいでしょう。ほかの投資と異なり、株式投資はただ儲けたいという欲だけでなく、自分が好きで、応援したい気持ちが根本にあってほしいと願っています。そしてそのほうが成功しやすいとも思います。言い換えれば、すごくピュアなものなのです。10倍株を探す旅は、まずはあなたの好きなもの、応援したくなる製品やサービスを思い浮かべることから始めてみてください。

Q.02 SNSにはお金持ちがいっぱい

ネットの情報は疑ってかかれ

映画宣伝会社の「コメット」。2年目のカルタくんは、会社のSNSを担当しています。SNSを眺めていると、フォロワー数10万人のインフルエンサーが新作映画の紹介投稿に「いいね」をしてくれました。自称・投資家の「儲かりまっせマン」です。

プロフィールには「総資産5億円の個人投資家」。タワーマンションや高級乗用車、高級腕時計、札束の写真をいっぱい投稿しています。最新の投稿は「小生は生成AI（人工知能）のZ社を買っています。絶対上がるからサルでも買いますよwww」。

SNSには「早速買いました！」「100万投入。今回も儲かりまっせお願いしますよ」と追従する信者がたくさんいるようです。みなが競うように株を買っている光景を想像すると、いま買わないと損してしまうとカルタくんは焦ってきました。

Quiz 儲かりまっせマンが「急げ。Z社が熱い」とSNSに投稿！カルタくんが取るべき行動は？

Ⓐ フォロワー数10万人は信頼の証し。フォロワーの動きに乗って買うべき。

Ⓑ SNSの情報は疑ってかかれ。本当に有益な情報かしっかり検討する。

イナゴは佃煮にされるだけ

僕の会社のフォロワー数は3000人なのに「儲かりまっせマン」は10万人。これだけ多くの人がフォローしているのだから、きっとすごい投資家なんでしょうね。

 最近はSNSの投稿をきっかけに株を買う人が多いけど、私は「ブル相場は買いで儲かる。ベア相場は売りで儲かる。でもイナゴは、買っても売っても佃煮にされるだけだ」と言っています。

ブル？　ベア？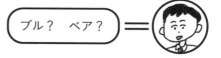

 有名な投資格言に「Bulls make money, Bears make money, Pigs get slaughtered.」があります。強気相場のブル（雄牛がツノを下から上に突きあげるイメージ）でも、弱気相場のベア（熊が腕を上から下へ振り下ろすイメージ）でも儲けられる。でも自分で考えずに人の意見ばかり気にする豚はお肉にされるだけという意味。これをもじって、私が日本風に豚をイナゴにアレンジしました（笑）。

昆虫食がブームとはいえ、佃煮にされないようにしないと。でも儲かりまっせマンがオススメする株は、まさにエミン先生が言っているストーリー投資じゃないですか？
僕らの代わりに人工知能が仕事をし、自動運転のクルマが街中を走り回り、学校や職場はメタバース空間に置き換わる未来をみんな想像します。

それは誰かの描いたストーリーであって、カルタくんのストーリーではないよね。自分のストーリーまで落とし込めていないと、こんなはずじゃなかったと後悔することになるんじゃないかな。

そう言われてみると、ぼんやりカッコよさそうだぐらいにしか思っていなかったです。正解は⑧ですね。

そう、⑧だね。では、インフルエンサー投資家たちの言動に振り回されるとどうなるのか見てみよう。

解説 インフルエンサーに振り回されるな

　SNSでインフルエンサーが紹介した服や化粧品が瞬く間に売り切れる時代です。投資の世界でもインフルエンサーがオススメした株が急騰するケースが見られます。早く買わなければ自分だけ儲け損ねてしまうような気になって焦ってしまいがちですが、**常に冷静さを忘れてはならないのが投資の鉄則です。**

　大量の札束や高級時計の写真は、ほかのアカウントの写真を無断使用しているかもしれません。かりに本物だとしても撮影用にレンタルしてきたものの可能性もあります。預金、証券口座の残高だって、画像加工ソフトを使えば、すぐに偽造できます。そもそもお金持ちがいちばん頭を悩ませるのは税金です。**本物のお金持ちは、自慢して税務署に目をつけられるようなことはしません。**

　よく当たるといわれているアカウントにも注意が必要です。複数のアカウントを運営し、バラバラな意見を言っているなかで、たまたまその1つのアカウントの予想が当たっているように見えるだけかもしれません。こういうアカウントは、セミナーや高額な商材を売るのを目的としていることがあります。

テーマ株は値動きが激しくなりやすい

　投資初心者を騙そうとする人たちは世の中にたくさんいます。とくに、特定の銘柄名を出し、投資を煽るインフルエンサーは、自分が先にその株を買っておいて、高値で売り抜けようとしている可能性もあります。

　インフルエンサーが勧める銘柄のなかには、業績が伴っていないものもあり、すぐに急落することも。株価チャートは細く

て先が尖った塔のような形になり、「イナゴタワー」と揶揄されています。安易に飛びつけば、高値でつかまされて大損をしてしまう、危険な投資になります。

　もちろんSNSには便利な情報源も数多くあります。
　海外に住んでいる人たちが現地でしか知りえない情報を発信していたり、新聞記者が紙面で伝えきれなかったニュースを詳しく解説していたり、現場で働く人が企業の問題点を指摘していたり。このような自分の頭で考える材料となる情報を発信してくれるアカウントは、ストーリーづくりに大いに役立つでしょう。

Column 株式投資の4つの次元

　ストーリーを強固にするため、株式投資を4つの次元で考えてみましょう。

　まずは「インフルエンサーがオススメしている」「友人が儲かった」など、誰かから聞いた情報を鵜呑みにした投資です。人から聞いた情報だけで購入すれば、高値づかみをしたり、ちょっと下がると不安になってすぐに売却してしまったりします。これを私は「1次元投資」と名づけています。

　次に新聞、雑誌などのメディアからの情報に基づいて投資判断をする「2次元投資」。この2次元投資だけでも、「円安の恩恵を受ける業界はどこか?」などストーリーをうまく描き、利益を出している個人投資家はたくさんいます。

　さらに自分自身で製品やサービスを利用すれば、情報の精度は高まります。自らの体験を投資に生かすのが「3次元投資」です。投資の検討先が自動車会社でしたら、まずは試乗してみる、外食チェーンなら食事をしてみる。体験することで、数字だけでは測れない情報が得られ、ストーリーはより解像度の高いものになります。

　これにプロの機関投資家にはない個人投資家だけの強みである「時間」をプラスすれば、「4次元投資」になります。プロは短期間で成果を出すことが求められるため、長期の視点で投資判断できないことがあります。一方の個人投資家は、「投資をしない」選択ができますし、人気が出る前の株をコツコツ買い増ししながら、株価が上昇するのをじっくり待つこともできます。時間を味方につけ、ストーリーを優先した投資判断ができるのです。

Q.03 投資家は日経新聞をどう読む？

日経新聞は投資家の必須アイテム

　10倍株を見つけるため、エミン先生から日経新聞を読むようにいわれたカルタくん。

　会社で目を皿のようにして新聞を読んでいると、同僚たちがざわざわしています。ふだんはスマホばかり見ているカルタくんの豹変ぶりにヒロカワ先輩は心配になって声をかけます。
「気になるニュースがあるの？」

　カルタくんはヒロカワ先輩に話しかけられてうれしかったのですが、カッコつけて「ちょっと投資を始めてね。日経新聞ぐらい読んでおかないと」と答えました。

　お金には興味のなさそうだったカルタくんの口から「投資」という言葉を聞いて、ヒロカワ先輩は驚いています。カルタくんは、先輩にアピールできたとドヤ顔です。

　しかし日経新聞はむずかしすぎてチンプンカンプンです。

Quiz　投資家の必須アイテムである日経新聞の読み方は？

Ⓐ 日経新聞は投資情報の宝庫。どこに有益な情報が隠されているかわからないので隅々まで読むべき。

Ⓑ 「史上初」「最高益」「〇年ぶり」「〇期連続」など、転換点を表す見出しに注目して読む。

新たなストーリーが生まれる
キーワード

こんなに文字を読んだのは学生のとき以来です。苦しいですけど、この修行を乗り越えれば、お金持ちになれるのですね。1面から1字1句を噛みしめて読み進めます。

投資をするなら、日経新聞を必ず読むべき。でもね、ただ文字を追って、知識を詰め込むだけでは、投資には生かせません。

新聞に載るぐらいだから、どれも大切なことではないですか？　少しでも多く情報を持っているほうがいい株を見つけられそうです。

では買いたい株が見つかりましたか？

まだ見つかっていません。「最高益」を出した企業はいいなと思いましたが、いまから株を買っても間に合うのかわかりません。競馬新聞のように、どの馬に賭ければいいのか予想も書いてほしいですね。

「最高益」に目をつけたのは鋭い。たしかに新聞で報じられるときには、株価はすでに高値と感じるけど、もしかしたら上昇トレンドの始まりかもしれない。じっくりと分析する価値はある。

ほかに注目するワードはありますか？

「史上初」「〇年ぶり」「〇期連続」というワードだね。
これらの言葉はトレンドの転換を意味しています。

では正解は⑧ですね！

転換点には、新たなストーリーが生まれやすいから、要
注目です。

教えて エミン先生！

解説 **日経新聞から隠れているストーリーを探そう**

　投資を始めるなら日経新聞を読む習慣をつけておくといいで
しょう。日経新聞の1面には、経済や金融関連のニュースが載
るので、ほかの一般紙との違いは一目瞭然。2面からは総合、
政治、経済、金融経済、オピニオンと一般紙と似たトピックと
なりますが、その後は投資情報、証券、市場動向などさらに経
済紙らしい情報が満載です。

　とはいえ、いきなりカルタくんのような初心者が日経新聞を
読むのはハードルが高い。そこで、まずは見出しの「最高益」
「史上初」「〇年ぶり」「〇期連続」などのワードに注目して読
んでみてください。このワードが出てくると、トレンド（株価
の動く方向）が転換するきっかけになりやすい。

　たとえば、「ホテル事業3年ぶりに黒字化」とあれば、コロ
ナ禍の苦境を脱し、これから本格的なインバウンド需要が回復

することが予測できます。まさに、新しいストーリーの始まりです。谷が深いほど、株価は2倍にも3倍にも化けるかもしれません。

　ほかに、読んでほしい連載や特集もいっぱいあります。1つ紹介するなら、1948年から続く「経済教室」。著名な経済学者や各分野のエキスパートが気になる経済ニュースや現象をわかりやすく解説しています。経済学はむずかしそうと敬遠する人もいるでしょうが、基礎だけでも学べば、株価を動かす中央銀行の政策や景気のサイクルなど大局観がわかるので、投資にかなり活用できます。

日経新聞は紙で、後ろから読む

　私は新聞は紙で、後ろから読むのをオススメしています。

　デジタルも便利ですが、紙の新聞だと重要なキーワードが瞬時に目に飛び込んできます。1つひとつの記事では関係がなさそうでも、関連する情報や意外なつながりのある記事が見つかることがあります。

　そして後ろから読むのは、何が大切なニュースか自分の頭で判断するためです。紙面構成は、新聞社の考えを反映しているのですが、1面に載っていると、読者はそれだけで重要なニュースと思い込んでしまいます。先入観を持たずに、隠れているストーリーを探すためにも、新聞は紙で、後ろから読んでみてください。

Q.04 株よりも暗号資産が儲かる？

よくわからないけど儲かりそう……

毎日、日経新聞を読んでいるものの「これぞ！」という銘柄にはまだ出合えていません。

そんななか、「儲かりまっせマン」のSNSがまた注目を集めます。以前、「再び暗号資産の黄金時代が到来！」と投稿していた儲かりまっせマン。ここ最近、暗号資産（仮想通貨）の価格がグングンあがっているのです。

フォロワーたちは「さすが、オレたちの儲かりまっせマン。未来を当てた」と大喝采。さらに大胆な予想をします。「まだ始まったばかり。いまからでもぜーんぜん遅くはない」「株で10倍より、暗号資産で100倍のほうがよっぽど簡単！」

カルタくんの心は、株ではなく暗号資産に投資するべきではないかと揺れています。

ここで問題です！

Quiz 過去にも数多くの「億り人」を生んできた暗号資産。投資するべきでしょうか。

Ⓐ よくわからないものには投資しない。

Ⓑ よくわからなくても信じれば報われる。

どうして株が投資の王道なのか？

儲かりまっせマンが煽っているのを見て、暗号資産の
チャートをチェックしてみたんですけど、これすごい
ですね。価格が100倍になっています。10倍株より夢
があります。

株のほかにも投資対象は山ほどあります。債券、FX、
石油や金、不動産。暗号資産もそのひとつですね。

そんなにあるなかで、どうして株なんですか？

日本の株式市場には約4000社の企業が上場していて、
株を買えば、企業のオーナーになれます。そして投資
先の企業が成功すれば株は上がる、失敗すれば下がる。
すごくリアルかつシンプルだからです。

ぼくはリアルでもシンプルでなくても、儲かればいい
ですけどね……。正解はⒶですよね。よくわからない
ものに投資してはいけないのは知っています。でも僕
より先に暗号資産を買っただけで、お金持ちになった
人たちが羨ましいです。

よくわからないもので儲けても、次はよくわからない
まま損をしてしまうかもしれない。その点、株は自分
なりの投資スタイルを確立すれば、コンスタントに勝
てるようになる。ほかにも株式投資にはメリットがた
くさんあります。

解説 米中対立で存在感を増す暗号資産

　一言で投資といっても、多くの選択肢があります。

　外国の通貨を売買するFX（外国為替証拠金取引）、金（ゴールド）やプラチナなどの貴金属、石油や小麦の先物にも投資できます。安定した家賃収入が魅力の不動産もあります。

　最近では、暗号資産が人気です。

　暗号資産は決済に使えるお店が少ないので実用性がないとの批判がよく聞かれます。それでも、**アメリカと中国の対立が激しくなるなか、基軸通貨のドルを介さない資産の逃避先として暗号資産は存在感を高めています。暗号資産には、まだまだ生かしきれていないポテンシャルも感じます。その一方で、いつ各国で規制の対象になるかわからないうえ日本の税制では売買益は「雑所得」扱いとなり、大きな利益を出しても最大55％もの税金がかかります。**

株は国も後押し、税制面で優遇あり

　そんななか、現状ではやはり投資の王道は株です。「暗号資産は上がる」と言われても、なぜ上がるのか説明ができますか？　おそらく多くの人にはむずかしいと思います。会社に投資する株なら、どんな社長に率いられ、何で稼いでいるのかがわかります。決算書を見れば、利益や資産、負債がどのくらいかも調べられます。**これほどリアルでわかりやすい投資先があるのに、なんとなく儲かりそうだからという理由で、実態がよくわからないものに投資するのは本当にもったいないことです。**しかも株は選択肢が多い。日本株だけでも約4000社のなかから選べます。

　税制面でも株は優遇されています。株の売却益（キャピタル

ゲイン）と配当金（インカムゲイン）の税金は約20％です。もし株で損をした場合には、３年間は損失部分を利益と相殺することもできます。さらに一定金額まで税金がかからないNISAやiDeCo（個人型確定拠出年金）という制度もあります。初心者が資産を増やすためには、株が適切な投資先だと国も考えているのです。この流れは2024年から開始される新NISAでより鮮明になっています。

Q.05 その会社は上場しているの？

株式会社でも上場しているとは限らない

　昼休み、ヒロカワ先輩たちは「今日もまたあの店に行きたい！」「おいしいよね」「SNS映えする」と、会社近くにオープンしたばかりの「ひとり湯豆腐専門店・これから湯豆腐」にお昼を食べに行くようです。毎日、飽きずに先輩たちが食べているので、どんなお店なのかが気になって、今日はカルタくんも一緒に行くことに。

　純和風の高級感ある店内。カウンターにはヒノキのおひとりさま用の湯豆腐セットが取り付けられています。湯豆腐を自分で温めるのは、ちょっとしたエンターテインメント感があり、ワクワクします。

　値段もスタンダードなセットで800円と手ごろ。店内は健康志向の女性客が多く、野菜もたくさん食べられて、肝心の豆腐の味もチーズのように濃厚で最高においしい。カルタくんは「この会社の株は10倍になる！」と閃きました。

ここで問題です！

Quiz 気になるお店を見つけました。まずは何を調べる？

Ⓐ 会社が上場しているかどうかをチェックする。

Ⓑ 会社が株式会社かどうかをチェックする。

上場しているかを調べる方法

 すごくいいお店を見つけたね。流行に敏感な人がハマっているのは、いい投資アイデアになりやすい。

本当においしくて、感動しました！

 飲食店は店舗数に比例して、売り上げが増えるのでストーリーを描きやすい。

では早速、買いましょう。
……あれ、「これから湯豆腐　株」で検索しても株価が出てこないぞ。

 上場していないと株は買えないよ。
少し調べてみよう。これから湯豆腐のウェブサイトのいちばん下に、小さく「運営会社」って項目があるね。

本当だ（ポチッ）。あっ、株式会社ダイズというウェブサイトにつながりました。違う名前の会社が運営していたのか。でも株式会社なら、株は買えますよね！

 それは早合点だよ。株式会社であっても株式市場に上場していないと株は買えないんだ。上場会社であれば、ウェブサイトに「IR（投資家広報）」あるいは「投資家情報」といったメニューがあるはず。

それでは、正解は Ⓐ ですね。
あ、見つかりました！ ひとり湯豆腐専門店・これから湯豆腐は株式会社ダイズが展開している飲食店のブランド名であり、ダイズは東証グロースに上場していました。

※「株式会社ダイズ」「ひとり湯豆腐専門店・これから湯豆腐」は架空の社名、ブランド名です。

教えて エミン先生！

上場会社でないと株は買えない

　東京証券取引所のような市場で、個人投資家がリアルタイムに株を売買できるようにすることを「上場」と呼びます。 基本的に、個人投資家は上場している株しか売買できません。

　上場するには、取引所が定めた財務状況や内部管理体制などの基準をクリアする必要があります。現在、東京証券取引所は**大企業向けのプライム、中堅企業向けのスタンダード、成長力の高いベンチャー向けのグロースの 3 つの市場に分かれています。**どの市場に上場していても、売買の仕方は変わりません。

　上場すれば、世間の認知度は上がり、不特定多数の投資家から広く資金を集められ、そのお金をさらなる成長のために向けられます。また、社会的信用が増すので顧客の信頼を得やすくなったり、優秀な人材を採用しやすくなったりするメリットもあります。子どもが「上場企業」に就職したと聞けば、いまも安心する親御さんは多いのではないでしょうか。

　ただし、**世間に浸透しているブランド名やサービス名と企業名が一致していないことも。**たとえば、ユニクロを展開する上場会社はファーストリテイリング、ドン・キホーテはパン・パシフィック・インターナショナルホールディングス、人気ラー

メン店の一風堂は力の源ホールディングスです。

あえて上場しない企業もある

　上場会社の株を買えば、最小単元でも株主になれます。

　そして企業は株主のものなので、たとえ社長でも株主の意見は無視できません。株を多く保有すれば、会社への影響力は高まりますし、会社を乗っ取ることもできます。

　そのため、あえて上場しない企業もあります。

　サントリーやJTB、竹中工務店などは業界をリードする大企業ですが、上場していません。上場すれば、株主から短期的な成果や配当などの利益還元を求められる、経営の自由度が失われるなど、さまざまな理由で非上場を選ぶ企業も多くあります。

　また日本で事業を展開する海外企業は東京証券取引所に上場していないケースもあります。日本でスターバックスを展開するスターバックスコーヒージャパンは非上場。スターバックスに投資したい場合は、アメリカで上場しているスターバックス本社の株を買います。この場合は日本法人の業績だけでなく、世界中のスターバックスの業績が株価に反映されます。一方、マクドナルドの場合は、アメリカ本社とライセンス契約を結んで国内で店舗を展開する日本マクドナルドホールディングスが東京証券取引所に、アメリカ本社はニューヨーク証券取引所にそれぞれ上場しています。

Q.06 オーナー社長は「アリ」「ナシ」?

オーナー社長を投資家目線で考えると……

「ひとり湯豆腐専門店・これから湯豆腐」を運営する株式会社ダイズ。調べてみると、発行株式の30％以上を創業者のイケメン若社長とその親族が持っているようです。

カルタくんは就職活動のとき、「オーナー企業は、出世もクビも社長の気分次第だからやめておけ」と友だちから言われたのを思い出しました。強い権限を持つオーナー社長が率いる企業は、投資するのを避けたほうがいいのか、カルタくんは気になっています。

Quiz オーナー社長は10倍株に向いている／いない?

Ⓐ 迅速な意思決定で、高い成長を維持できるので10倍株に向いている。

Ⓑ ワンマン社長に振り回され、優秀な社員が離れていくので向いていない。

ホームページに社長の顔が載っているほうがいい

イケメン若社長はまだ30代半ば。ホームページに大きな自分の写真を載せているので、少しチャラい感じがします。

 ホームページに社長の顔が堂々と載っているのはプラスポイントだよ。腕のいいコックがオープンキッチンで料理するのと同じように、自分のビジネスにゆるぎない自信がないとできないからね。

でも筆頭株主でもあるイケメン若社長がなんでも一人で決めてしまうと、優秀な社員は力が発揮できずに離れていくのではないですか？

 ところがね、これまで10倍になった企業の共通点を探してみたところ、オーナー社長だったケースが多いんだ。思い切った決断や長期的な視点に立った経営ができるし、株価が伸びれば自分の資産が大きく増えるから、雇われ経営者に比べてモチベーションも高い。

10倍株になるためには、イケイケの社長のほうが向いているのですね。正解はⒶか。業績だけでなく、投資する企業の社長まで調べないといけないとなると、10倍株を探すのは大変だ。

 それじゃあ、カルタくんには特別に、私がこれまでの
経験や分析で見つけた、10倍株の条件を教えてあげま
しょう。

やったあ！

10倍株に共通する4つの条件

　私たちが長年にわたり、10倍株の共通点を分析したところ、
大きく4つありました。

（1）過去4年間の売上成長率が年20%以上

　まずは企業の成長の源泉である売上高が着実に伸びているの
が条件です。売上高が伸びていれば、それは競合他社との競争
に勝ってマーケットシェアが拡大しています。または新製品で
新たな市場を開拓しているかもしれません。シェアはそのまま
でも市場そのものが成長している場合もあります。

　毎年20%ずつ売上高を伸ばしていれば、4年で倍になるスピ
ードです。

（2）営業利益率が10%以上

　これは企業の「稼ぐ力」です。営業利益とは、売上高から原
価や人件費などを除いた儲けのこと。これを売上高で割って求
めたものが営業利益率です。本業でどの程度の利益を出せてい
るかを確認します。営業利益率は業界によっても異なりますが、
10%以上が望ましいです。

（3）上場から5年以内

　上場直後は企業がもっとも成長する時期です。上場で集めた

資金を、成長分野に投資できるからです。時価総額（株価×発行済株式数）でいえば、1000億円以下が1つの目安。あまり大きすぎると10倍に成長する余地がなくなります。

（4）オーナー企業、または社長が筆頭株主である

そして4つ目の条件がオーナー企業、または社長が筆頭株主であること。大胆な経営判断ができ、企業の成長が自らの資産に直結するので、会社のために働く意欲も高い。子どもや孫の代まで会社を残そうと長期的な目線での経営も期待できます。

4つの条件をすべてクリアしているのが理想ですが、厳密に満たしている必要はありません。「(1)は満たしているけど、(3)は少しオーバーしているな」というケースもあるでしょう。それぐらいでしたら十分検討に値します。

カルタくんはダイズが条件に当てはまっているかどうかを熱心に調べています。「売上成長率OK、営業利益率ギリギリだけどOK、上場してからちょうど5年目、そしてイケメン若社長が筆頭株主。エミン先生、ダイズは10倍株の条件に当てはまっています！」とカルタくんの声は弾んでいます。ダイズへの期待が高まりますね。

とはいえ、これら4つの条件すべてに当てはまるからといって、株価が上がるとは限りません。あくまでも過去の10倍株から導き出した共通点です。ストーリーが描けるかどうかがいちばん大切なことを忘れないでください。

Q.07 会社四季報の読み方とは?

全上場企業が載っている会社四季報

エミン先生から教わった10倍株の4つの条件。
当てはまるかどうかは『会社四季報』で調べられます。

しかし、会社四季報は辞書のように分厚く、小さな文字がぎっしり詰まっているので、読むのは日経新聞よりも大変そう。なにしろ会社四季報には日本で上場している約4000社、すべての企業の最新データが載っているのです。

読むのはひと苦労だなと思っていると、エミン先生はおもしろい小説みたいに、ほほえみながら会社四季報のページをめくっています。カルタくんはどこがおもしろいのかちっともわかりません。

Quiz 会社四季報はどう読むのがいい?

Ⓐ 最初から最後までひと通り読んでみる。

Ⓑ パラパラとめくって気になる企業のページを読む。

会社四季報には
伏線がちりばめられている

エミン先生、会社四季報はそんなにおもしろいのですか？

 私にとっては、小説を読んでいるみたいだね。いつも最初から最後まで通して読んでいるよ。

え！　気になるページだけではダメなのですか？

 小説は途中から読んでもよく理解できないよね？　会社四季報も似ていて、伏線がちりばめられているから最初から読んでほしい。ある企業の業績が別の企業の業績と密接に関連していたり、業種によって明暗がはっきり分かれていたりとか、点と点がつながる瞬間があります。

2000ページを超えているのに……。10倍株を探すためといっても気が遠くなりそうです。

 正解はⒶ。Ⓑも間違いではないけど、読破しないとわからないこともある。そんなに心配しなくても大丈夫だよ。慣れれば 2 、3 日で読めるようになるよ。気になるところに付箋を貼りながら、おもしろい名前の会社だとか、こんなニッチな製品をつくっている企業もあるのだとか発見を楽しみながら読んでみよう。

会社四季報で変化の兆しを探す

　投資家のマストアイテムは２つあります。日経新聞と会社四季報です。会社四季報が創刊されたのは1936年６月。80年以上の歴史があり、日本の株式市場に上場している約4000社の企業情報が一冊にまとめられています。現在、上場企業は１年を３か月ごとの四半期に分け、それぞれ決算を公表しなければなりません。この「四半期決算」にあわせて、会社四季報も年に４回刊行されています。会社四季報も日経新聞と同じように、紙で読むのをオススメしますが、過去のデータをさかのぼって調べたいときや検索したいときには『会社四季報オンライン』が便利です。スクリーニング機能を利用すれば、10倍株の４つの条件に合てはまっている銘柄をリストアップできます。

　10倍株の条件だけでなく、会社四季報には有益な情報がたくさん載っています。会社四季報を熟読することで、投資の知識と技術が身につきます。チェックしたい項目は、会社の健康診断である財務状況（純資産や有利子負債など）と稼ぐ力がわかる業績データ（売上高や営業利益など）、そして記者の取材にもとづくコメント欄です。コメントを毎号継続して読んでいると、頻出したり新しく登場するキーワードから「変化の兆し」を読み取れるようにもなります。

　コメントは２つあり、１つは業績（現状）、もう１つは業績に影響を与えそうな材料です（今後の見通し）。２つともポジティブなほうがいいと思われますが、実はネガティブなコメントがあるほうがいい。それは市場から過小評価されている証しですから、この先の株価が大きく上がる可能性があります。

初心者はパラパラと読むだけでもいい

　10倍株を見つけるには、会社四季報を最初から最後まで読破してほしいと思います。上場しているすべての企業の情報や業績が頭に入ってくると、日本経済の大きな変化にも気づけます。

　とはいえ、初心者にはハードルが高いので、最初はパラパラめくって、気になる企業を読むだけでもかまいません。株価チャートも掲載されているので、順張りに向いている右肩上がりのチャートや、逆張りに向いている底を打ってから上昇に転じているチャートを探すだけでも、おもしろい企業が見つかるかもしれません。

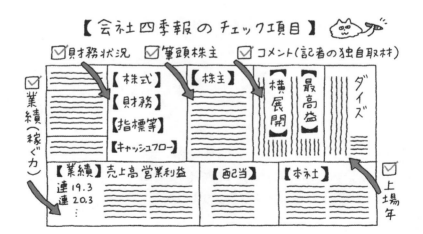

【会社四季報のチェック項目】

☑財務状況　　☑筆頭株主　　☑コメント(記者の独自取材)

☑業績(稼ぐ力)

【株式】
【財務】
【指標等】
【キャッシュフロー】

【株主】

【横展開】【最高益】ダイズ

【業績】売上高 営業利益
連19.3
連20.3
：

【配当】

【本社】

☑上場年

Q.08 どんどん上がっている株を買ってもいい?

上がり続ける株を買う判断は?

「これから湯豆腐」に興味を持ったカルタくんが株式会社ダイズの株価のウォッチを始めると、株価はどんどん上がっていきます。

はじめて見たときは500円だった株価が、いまは600円です。この1週間で20%もアップしています。自分の直感を信じてすぐに買っておけばよかったとカルタくんは後悔しました。

株価チャートを見るとずっと上がっているのでいまから買うとすぐに下がってしまうような気がしてきます。

ここで問題です!

Quiz 株価が大きく値上がりしています。いまからでも買ったほうがいい?

Ⓐ 昔の株価は忘れること。いま買いたいと思うかどうか。

Ⓑ 株は上がったり下がったりを繰り返すもの。下がるのを待って買うべき。

押し目待ちに押し目なし

うわあ、大失敗だ。やっぱりこれから湯豆腐を見つけたときにすぐに買っておくんだった！ もう大損だ！

 何をそんなに焦っているんですか？

だって、500円だった株価が600円ですよ！ 株を買うのは最低100株からだから、すでに1万円も損をしたことになります。

 キミは株価が10倍になるストーリーを描いたからその株に興味を持ったんじゃなかったのかな？ そのストーリーは崩れたのですか？

えっ……、いや…そんなことないです。もっと上がりますよ！

 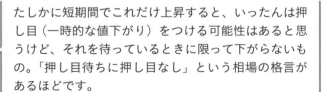 たしかに短期間でこれだけ上昇すると、いったんは押し目（一時的な値下がり）をつける可能性はあると思うけど、それを待っているときに限って下がらないもの。「押し目待ちに押し目なし」という相場の格言があるほどです。

では、買います。ここから絶対に下がらないですよね？

さあ、どうでしょうか。それは神のみぞ知る、です。まずは最低単元の100株を買ってみて、そのあとでストーリーを再点検していけばいいのでは？　よって、このケースの答えは③です。

えーい、ポチッ。株が買えました。これで僕も投資家デビューです！

解説 昔の株価は気にするな！

　株式投資は、自分が買ったときの株価よりも高い株価で売却することができれば利益を出せます。買ったり売ったりを繰り返す短期トレーダーであれば、１円の値動きにも神経質になるでしょうが、長期投資が基本のストーリー投資であれば、足元の株価変動に振り回されすぎてはいけません。

　とくに、今回のカルタくんのように、「前は安かったのに」と思うと買えなくなるのは、よくあることです。「安値覚え」といって、過去の安値にとらわれると、投資ができなくなってしまいます。

　成長する企業の株価が上がっていくのは当然です。株価と一緒に業績も上がっているので、過去の株価だけを見て、「現在の株価は高すぎる」と判断すると本質を見誤ってしまいます。

迷ったらストーリーを思い返す

　株価が20％上がったからといって、これから湯豆腐を運営するダイズが10倍株になるまでのストーリーは崩れてはいませんよね。

カルタくんの描いたこれから湯豆腐の成長ストーリーはこうです。健康ブームのなか、良質のタンパク質がとれて、女性一人でも気軽に入れる店はまだまだ成長のポテンシャルが高い。また自分で湯豆腐をつくるエンターテインメント性があるし、宗教上の理由などで、お肉がタブーな人でも大豆が原料の豆腐は食べられるので、インバウンド需要も取り込めそう。

　現在のところ、これから湯豆腐の店舗数は20店舗。イケメン若社長は、祖業である居酒屋チェーンを縮小し、これから湯豆腐に経営リソースを集中させるようです。ダイズには飲食店での経験豊富な人材が多くいます。出店スピードの加速が期待できます。また競合相手の全国展開する牛丼チェーンは1000店舗以上あるので、成長余地はまだまだあります。これから湯豆腐は競合他社との違い、優位性を明確にし、業界のなかでシェアを拡大していこうとしています。

消費者だからわかる投資情報は？

　そしてなによりの強みは、感動を呼ぶ味です。これまでの豆腐にはない濃厚さは、何度でもリピートしたくなります。おいしさ、という好みや主観で投資先を決めていいのか不安に思う人もいるでしょう。しかし「おいしい」「ステキ」「きれい」「カッコいい」「心地よい」などを感じるから、お店の顧客になり、リピートします。それが売上高や営業利益率といった数字に反映されていきます。感覚や感情は、数字に反映されるより前に消費者だからこそ知れる立派な投資情報です。数字に惑わされない初心者だからこそ、プロより先に10倍株を見つけることがあるのです。

　いまカルタくんがこれから湯豆腐を知ったなら、迷わず投資

していたでしょう。売買の判断をするときは、過去の株価は忘れ、常に「はじめて出合った株」のつもりでストーリーを考えてください。

Column 割安かどうかを測る2つの指標

　普段からよく買っている商品であれば、高いか安いかはパッとわかります。はじめて買うものでも100グラムあたりで計算すれば、ほかの商品と比較できます。しかし株価は何を基準に判断すればいいのかわかりにくいものです。そこで株価の割安度を測る便利な指標であるPERとPBRを紹介します。

　PER（Price Earnings Ratio、株価収益率）は、現在の株価が1株当たりの純利益の何倍かを示すものです。たとえば株価が1000円で、1株あたり純利益が100円ならPERは10倍です。理論上は10年で投資資金を回収できることになります。株価がそのままで、1株当たり純利益が200円になればPERは5倍。株価は同じでも割安になったと判断できます。なかにはPERが100倍を超える企業もあります。かなり割高のような気もしますが、投資家はそれ以上の成長を期待しているのでしょう。なお利益が出ていない赤字企業は、PERの算出はできません。

　もう1つの指標のPBR（Price Book-value Ratio、株価純資産倍率）は、現在の株価が1株あたりの純資産の何倍かを示すものです。1つの目安は1倍。1倍なら株価と資産価値が同じということ。PBRが1倍を下回ると、会社を解散させ、資産を株主に分配するだけで、投資額以上のリターンを得られる計算になります。PERと同じで低いほど割安です。

　PERとPBRは同じ会社を時系列に沿って、または同じ業界内での比較に使うといいでしょう。株価が3倍になっても、PERに変化がなければ過熱しているとは言えません。パッとみれば割高な数字でも、業界平均で比べれば割安な場合もあります。

株はニュースで動く

儲かる／儲からないより大切なこと

　ついにカルタくんは「株式会社ダイズ」の株を購入しました。購入を決めるに至るまで葛藤もありました。「株で儲けた」と聞くと、すぐに「ラクして儲けられていいなあ」と感じる人が多いようです。でも株式投資はそんなに簡単なものではありません。

　株価チャートの裏には、実在する会社があり、そこで働いている社員がいます。その人たちには、愛する人や家庭があって、夢がある。株を買うのは、その会社のオーナーになることです。だから儲かれば分け前をもらえるし、逆に損をすることもあります。この点をきちんと指摘する投資の本が少ないのはとても残念です。

　本来なら株は単に儲かる／儲からないだけで買うべきではないのです。その会社に投資していると胸を張って言えなければなりません。

　株主になれば株主総会に招待されます。これは会社の成長のため、社会的使命を達成するために「あなたの意見を聞きたい」ということです。ストーリー投資をしていれば、会社の3年後、10年後を何度も想像しているわけですから、質問したいことがいっぱいあるでしょう。ストーリーの点検のためにもぜひ質問をしてください。

ニュースでストーリーは変わる

　株は買ったら終わり、ではありません。いくら値上がりしても売るまで利益は確定しません（反対にいくら値下がりしても売るまで損失は確定しません）。ではいつ売ればいいのでしょ

うか。利益が出たときでしょうか？ 違いますよね。**ストーリーで買ったのだから、利益や損失にかかわらず売るのはストーリーが崩れたとき**です。その会社の製品やサービスが、競合他社よりお手ごろな価格で魅力を感じていたら、他社の値下げがきっかけになるかもしれません。株主優待目当てでしたら、優待廃止のニュースが飛び込んできたときでしょう。

そこで第2章では、ニュースがストーリーにどのような影響を与えるのかを見ていきましょう。一言でニュースといってもさまざまなものがあります。ここでは株主ならチェックしておかなければならない会社が発表する四半期（3か月）ごとの決算、新製品や新店オープンの情報、値上げ、競合他社の登場、資本提携の発表などを中心に取り上げます。

同じニュースでも投資家によって捉え方が異なります。市場を取り巻く状況によっては、いいニュースが悪いニュースになることもあります。そのため「このニュースなら株が上がる」とは一概にいえませんが、ニュースと株価の関係がわかるようになるためには、まずは1つひとつのニュースを投資家がどのように分析しているのかを知らなければなりません。

そして投資家には、常に冷静な判断ができるメンタルも求められます。
カルタくんは株を買うまでのプロセスでも株価に一喜一憂していましたが、いざ株主になるとさらに株価が気になるものです。株価が下落すれば、その日は一日中憂鬱な気分になるかもしれません。株価が大きく上下するニュースは、突然飛び込んでくるものですが、こうしたニュースや株価に振り回されすぎないようにしてください。

Q.09 株価の急落。どうすればいい？

悪いニュースがなくても、ずるずる下げる

ついに株主となったカルタくんは、仕事中もスマホで株価をチェックしています。

「押し目待ちに押し目なし」とエミン先生は言ったのに、株価は購入時の600円から、見つけたときの500円まで、16％も下がっています。押し目が到来したようです。

これといったニュースがないのに株価が下がるので、カルタくんの不安は募ります。

そんなとき、「成功する投資家は損切りが上手。株は10％下がれば売るのが鉄則」というウェブ記事を見つけました。カルタくんは、いっそのこともう売ってしまってラクになりたいと思い始めました。

ここで
問題です！

Quiz **株価が下がったときはどうする？**

Ⓐ 初心者に損切りはむずかしい。10％下がれば機械的に損切り。

Ⓑ ストーリーが崩れていなければ、売らなくていい。

20％上がれば利益確定
10％下がれば損切り？

エミン先生〜（泣）。悪いニュースもないのに株価が下がっています。

相場全体が下がっているからね。こういうときは前に買って儲けている人が利益を確定するために売ろうとするから悪いニュースがない株でも下がることがあるんだよ。

僕より前に1株400円とかで買っていた人が売っているのでしょうね……。僕は1株600円で買っているので、すでに赤字です。これから300円まで下がっちゃったらどうしよう。いまのうちに損切りしておくほうがいいのでしょうか？

株価10倍を目指せるようなグロース株では10％を超えて下げることも珍しくはないよ。

ウェブの投資記事では「20％上がれば利益確定、10％下がれば損切り」を機械的にすれば儲けられると書かれていました。

それも1つの方法だね。でもグロース株でそれをやると、損切りばかりになってしまうかもしれない。10倍株を目指すストーリー投資なら、ここでの正解はⒷだよ。

教えて エミン先生!

解説 グロース（成長）株とバリュー（割安）株

　まず投資手法には大きく分けて2つあるのを覚えておこう。

　1つ目は、これから成長していく企業の将来性に期待するグロース（成長）株投資。2つ目は、企業の資産や利益などの財務状況に比べて株価が割安に放置されている銘柄を見つけて投資するバリュー（割安）株投資です。

　一般的にグロース株のほうが株価の変動（ボラティリティ）は大きく、バリュー株のほうが株価は安定しています。グロース株はPERが100倍を超えているケースもあります。「高く買って、さらに高く売る」というのがグロース株投資です。一方のバリュー株投資は、「安く買って、本来あるべき株価に達したら売る」です。

　バリュー株投資の代表的な投資家はウォーレン・バフェットです。世界最大の投資会社バークシャー・ハサウェイの会長を務めています。これまで日本株には投資していなかったのですが、2020年に「万年割安株」と言われていた日本の商社に目をつけて投資し、巨額の利益を得ています。90歳を超えても、天才的な眼力は健在で、「投資の神様」「オマハの賢人」と呼ばれ、世界中の投資家の目標となっています。

　ではストーリー投資はどっちなの？といいますと、どちらにも含まれます。ストーリー投資は、投資の土台になる考え方です。グロース株投資にもバリュー株投資にも応用できます。ただ、より真価を発揮するのはグロース株投資でしょう。グロース株を取り巻く環境は変化が激しく、参考になる指標も見つかりにくい。そんななかで、大局観を持つストーリー投資は大きな力になります。

株価が下がったときの3つの選択肢

　さて、株価の急落時にカルタくんはどうすればいいのでしょうか？

　株価が購入時より下がる「元本割れ」は、初心者にはショックが大きいものです。人は、利益を得るよりも損失の苦痛のほうが2倍以上大きく感じるようです。行動経済学では「プロスペクト理論」といいます。人はできるだけ損を避けようとする心理的な傾向があるため、そもそも投資において合理的な判断をくだすのは苦手なのです。

　それを念頭に置いたうえで、損失に向き合ってみましょう。今回は3つの選択肢が考えられます。

　まずは損切りです。
　株を売却して、損失を確定させることです。損切りのタイミングはむずかしいので、機械的に10％下がれば売ると決めるのも有効な手段です。しかし気をつけたいのは、株価の変動が激しいグロース株投資では、とくに悪いニュースがなくても、10％ぐらいは株価が上下するため、せっかく10倍株を見つけても、すぐに手放すことになるかもしれません。

　次は買い増し（ナンピン）です。
　下がったところで、株を買い増せば、平均取得単価を下げられます。投資家は「難平」（ナンピン）買いと呼んでいます。ナン（損）を平（たいら）にするという意味です。

　ただしさらに株価が下がれば、損失が拡大します。「落ちるナイフはつかむな」という投資格言があるように、どこまで株

価が下がるのかは誰にもわかりません。とくに悪いニュースがあったときは、上昇に転じるまではナンピンを控えるべきです。

最後に様子見があります。
様子見は何もしないという意味ではありません。どうして株価が下がったのか調べ、ストーリーを点検したのち、ストーリーに変わりがないのなら、ジタバタせずにどんと構えているということです。

今回、ダイズの株価が下がったのは、悪いニュースがあったからではありません。カルタくんの描いた成長ストーリーは崩れておらず、投資金額も最低単元のみで、まだ資金余力もあります。買い増しするか様子見するのがいいでしょう。

Column 猫に愛される投資家になれ！

　元々、私は生物学者を夢みていました。大学院でも生物の研究をしていたのですが、どうしても実験で動物を使うのが耐えられません。それで生物学者の夢は諦めました。

　いまでも動物は大好きです。トルコは動物にやさしい国で、法律で動物の権利が定められています。私の出身地トルコ・イスタンブールは「猫の都」と呼ばれるぐらい街中に猫がいます。私も猫をとても愛しています。

　猫の動きを観察していると投資の参考になることがあります。いつも寝ているし、のんびりしているのに、獲物を捕らえるときの瞬発力はすさまじい。チャンスをじっと待つのは投資の基本です。バフェットは「株式市場はせっかちな人から忍耐強い人へお金を移すようにできている」と言っています。どんな投資をしているかにかかわらず、猫のように悠然と構えていたいものです。株を持っていないと不安になって、何か買おうと焦る投資家がいますが、そういうときに限って、チャンスは訪れません。頭のなかでストーリーを描いていれば、自ずとチャンスはやってきます。

　また猫は可愛がろうとすると逃げるところが、お金に似ていますよね。じっと向こうからやってくるのを待たなければなりません。お金そのものを追いかけると逃げられます。普段は自分の仕事や勉強に集中して、ベストを尽くしながら、ストーリーに基づいた投資をしていればお金は向こうからやってきます。

　そして猫は無条件には愛を与えてくれません。お互い様なところがあります。取引上手とも言えます。エレガントで、賢い猫に愛される人はきっと投資にも向いているでしょう。投資に行き詰まったときは、猫を愛でてみてください。新しいアイデアが浮かぶかもしれません。

Q.10 サプライズ決算の発表。すぐに動くべき?

好決算を繰り返し、株価は上昇する

　最近は、「これから湯豆腐」の看板を街中で見かける機会が増えてきました。フランチャイズによる店舗展開を積極的に拡大し、どのお店もにぎわっているようです。

　カルタくんは株主として鼻高々です。

　そして、カルタくんが株主になってからはじめての決算発表の日を迎えます。これはきっといい決算が出てくるに違いない、とカルタくんはワクワクしながら発表を待ちました。

　そして予想通りの好決算!

　決算は会社計画の2倍の売上高を達成。来期の業績予想はさらなる成長を見込んでいます。

　この好決算を受けて、株価が急騰しています。

ここで問題です!

Quiz 好決算で株価が急上昇。買い増すべきか?

Ⓐ 株価10倍への扉が開いた!　全財産を投じて買い増し。

Ⓑ 好決算は買い材料だが、一呼吸置いてからでも遅くはない。

決算前後は大きく株価が動く

やっぱり僕の目に狂いはなかった。最初に目をつけたときに全財産を投じておくべきだったなあ。

 ストーリーが再確認できたのなら、いまから買い増ししても遅くはないよ。

でも、こんなに上がっちゃうとなあ。それに、ほら見てください、さっきから買おうとしているのに買えない……。なんか表示されています。「ストップ高」？

 1日の株価の上昇幅を一定範囲内に制限するための仕組みだね。逆に売られすぎると「ストップ安」になり、その日はもう売却できない仕組みだよ。

そんな仕組みにひっかかるほど上がるなんて……。明日こそ全財産を投じて買い増しします！

 まあ焦らない、焦らない。決算前後は値動きが読みにくくなるから、カルタくんのような初心者は落ち着いてから動くといい。

なら、正解は⑧か。好決算だから必ず上がるのに、指をくわえて見ているだけというのはシャクですね。

そう正解は⑧。でも好決算だからといって、必ず株価が上がるわけではない。「材料出尽くし」といって、目新しさがなければ反落することもある。まずは決算をきちんと分析してみよう。

教えて エミン先生！

解説 決算発表の前後は買いは控える

　上場企業は、年に4回、3か月（4半期）ごとに業績や財務状況を開示する決算を行い、「決算短信」を発表します。決算書は主に3つの項目（損益計算書・貸借対照表・キャッシュフロー計算書）があります。10倍株の4つの条件のうち「売上成長率20％」「営業利益率10％」をクリアしているのか、ストーリーは変わっていないのかを確認します。

　いいサプライズがあれば株価は上がり、逆に悪いサプライズだと株価は下がります。そのため一部の投資家は、決算直前に予想して株の売買を準備しておく「決算ギャンブル」をするようです。

　しかし、たとえ好決算でも、投資家やアナリストの予想の範囲内で、すでに株価に織り込み済みだったときや、次期の業績予想（ガイダンス）が弱気だったときなどには、株価は下がるかもしれません。

　そのため、たとえ好決算を予想していても株の購入や買い増しは、決算直前は控えて決算後にその内容や市場の反応を確認してからにしましょう。10倍株になるには、これから何度も決算をクリアしていかなければなりませんから、きちんと決算を分析して、ストーリーを確認してから行動しても、遅くはありません。

決算発表後の買い増しのタイミング

　カルタくんは自分のストーリーが正しかったのを決算で確認できたので、買い増しを検討しています。サプライズの好決算だと株が急騰します。すると買いそびれたことを後悔してしまいますが、それは結果論にすぎません。どこかで調整が入りますので、そのときにまだストーリーが継続しているのなら、買い増しすればいいのです。

　株価はピラミッドのように一直線には上昇しません。山登りみたいに、谷を下るときもあります。10倍株も上下を繰り返しながら、上がっていくわけです。**信じられないかもしれませんが、10倍株でも大損をする人がいます。**急騰しているときに乗り遅れてはいけないと買って、調整しているときにこんなにも下がってしまったと狼狽売りしてしまうからです。

　決算から数日が経ち、株価が落ち着いたころにカルタくんは、映画をつくるために貯めていた50万円の半分をつぎ込み買い増ししました。いつになく真剣な眼差しです。カルタくんも投資家の顔つきになってきましたね。

Q.11 株主総会を投資にどう生かす?

経営者を知る最大のチャンス

カルタくんははじめての株主総会に出席しました。

最初は退屈な議事が続きましたが、質疑応答になるとイケメン若社長が、待っていましたとばかりにイキイキと対応を始め、聞かれてもいない自らの半生についてまで語りだします。

すごく熱い人なのはわかったのですが、来期計画は「今期の2倍になる40店舗を展開し、売上高は高価格帯のディナーメニューを充実させ2.2倍が目標です!」と意外と堅実なものでした。

早くお金持ちになりたいカルタくんは、「これじゃあ株価は1年で10倍にならないだろうな」と物足りない気持ちです。

 Quiz 信頼できる経営者はどっち?

Ⓐ 未来を具体的な数字で語る。

Ⓑ 夢は大きいほうがいい。圧倒的成長で日本一を約束してくれる。

経営者は夢を数字で語るべき

イケメン若社長にはがっかりですよ。「3年後には日本一の外食チェーン店になる！」ぐらい言いそうなキャラなのに、実際は現実的なことしか言わない。夢がないです。

 さすがにそんなこと言ってる人を信用したらダメだよ。1年で店舗を倍にするというのも相当チャレンジングな目標ですよ。

売上高を2.2倍にする目標だって、せめて3倍ぐらいは言ってもいいと思いません？

 綿密にシミュレーションした数字なのでしょう。1年で2.2倍ずつ成長すれば、3年後には売上高は約10倍だよ。それに株価は先行性があるから、売上高が10倍になりそうだと投資家たちが考えた時点で株価は10倍になる。3年よりも短期間で達成できるかもね。ストーリーが裏付けられたわけだから、これはいいニュースじゃないの？

それはそうですけど……。もっと熱狂させてほしいですね。

これまで株主総会には何度も出席したけど、やはり具体的な数字で語る経営者のほうが結果を出している。よって正解はⒶです。

教えて エミン先生!

解説 数字で話せる経営者は信頼できる

　大きな夢を語る経営者は、魅力的に感じますよね。でも、上場企業の経営者である以上、その夢は実現の時期を定めなければいけません。まずは3〜5年の中期計画に落とし込み、1年ごとの業績計画にまで絞り込んで、達成のためにそれぞれの時期に何をすべきかを具体的に示さないことには、社員もついていきません。

　そもそも外食産業は、最適な立地を探して人材を募集し、育成していく必要があり、労働力不足の昨今、簡単に店舗数を拡大できる状態にはありません。ましてや、質を落とさずに拡大していくことも重視すれば、無責任に大風呂敷を広げることはできない。投資家は口先だけのビジョンに惑わされず、その目標の実現可能性を冷静に判断する必要があります。

株主総会の対応でトップの資質を見極めよう

　株主総会では、必ず最後に質疑応答の時間が設けられます。ある程度の出席者がいる総会であれば、株主からさまざまな質問が投げかけられるものです。こうしたときに、社長がどう対応するかをよく見ておきましょう。

　私は株主総会に出席すると必ず次の質問をしていました。「業界の市場規模をどう捉えているのか？」「競合他社に対する会社の優位性はどこか？」「3年後に市場シェアをどこまで伸ばせるのか？」「そのための具体的な計画は？」

初心者の方は株を複雑なものと考えがちですが、そんなに複雑なものではありません。**業界の市場規模が売上高の限界で、企業の時価総額は、売上高とほぼ同じぐらいになることが多い。**そのため市場規模が1000億円で、売上高が300億円なら、競合他社からシェアを奪っても株価は３倍になるのがやっとでしょう。一方で売上高がまだ10億なら、10倍になっても100億円なので、まだまだ成長の余地はあります。マーケットシェアを拡大していく計画を**トップは数字で語れなければなりません。**

　そして**質問への答え方にも注目しましょう。**質問に対して具体的かつわかりやすく、自分の言葉で答えられる経営者は有能で誠実だと判断できますし、スタッフからも信頼されているでしょう。これに対し、何を答えるにも、後方に控える部下と耳打ちしてから話し始める社長や、話す内容が抽象的すぎる社長、「開示できません」で押し通す社長は、いまひとつ信頼がおけません。

　ただ大企業になるとトップが細かいことまでは把握していないのが普通なので、ある程度の規模以上の企業であれば部下に聞いたり担当役員に答えさせたりするのは問題ありません。それでも、社長の立場から補足したり、経営の根幹にかかわる質問については自分の言葉で誠実に対応するかどうかは見極めたいですね。

Q.12 ライバル出現は売りか?

大ピンチ。「追っかけ湯豆腐」が誕生

朝、カルタくんはいつものようにコーヒーを片手に新聞を広げると、思わず声をあげそうになりました。

全国で数多くの飲食店ブランドを展開するＡ社が「追っかけ湯豆腐」ブランドを立ち上げ、ひとり湯豆腐市場へ参入することを発表したのです。Ａ社は国内の外食業界では５本の指に入る規模で、知名度も抜群。ファミリーレストランから高級店までさまざまな飲食ブランドを成功させている強敵です。

Ａ社の社長は「５年で500店舗が目標!」と息巻いています。案の定、翌朝９時に株式市場がオープンすると、株式会社ダイズの株価は前日の終値からいきなり10％近く下げました。

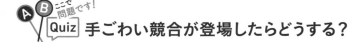

ここで問題です!

Quiz 手ごわい競合が登場したらどうする?

Ⓐ 手ごわい競合が現れると、ストーリーが成り立たなくなるから売り。

Ⓑ 競合店の実力や市場全体の成長を改めて分析してからでも遅くない。

競合の出現は
ストーリー変更のサイン

エミン先生〜、これはヤバいニュースです！

 たしかに、大ピンチですね。競合の登場は、ストーリーに大きな影響を及ぼします。

もう売却したほうがいいんでしょうか？

 大手にはこれまでに新しい業態を何度も立ち上げて成功させてきたノウハウと資金力、調達力があります。安い価格でもっとおいしいものを出したり、多彩なメニューを用意して展開してもおかしくはない。歯が立たなくなる可能性も十分あります。

じゃあ、やっぱり正解は④ってことですか？

 私だったらどうするかと言われれば④です。でも⑧が不正解とも言い切れない。

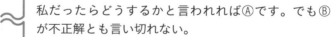

ええっ？？？　どういうこと？

教えて エミン先生!

解説 競合の参入は、基本的にはネガティブ要因

　競争相手がほとんどいないブルーオーシャンで展開してきた企業にとって、競合の登場は大きな痛手です。後追いしてくる相手が、先行企業よりあきらかに劣る店やメニューを出してくることはまずありません。先行する店について隅から隅まで研究し、素材や味、メニューはもちろん、お店の雰囲気や居心地、そして価格面も含めて、勝算があると見込んだからこそ新規参入しているわけです。

　しかも、先行するベンチャー企業を後追いするのが大手企業となると、ますます事態は深刻です。大手企業は事業開発や店舗開発のノウハウはもちろん、食材など仕入れの面でも圧倒的優位にあるので、普通に考えると勝ち目があるとは思えません。基本的には、この時点で成長ストーリーは頭打ちになると判断し、利益が出ているかいないかにかかわらず、売却するのが安全な選択です。

　ただ大手企業が参入してくるということは、市場規模の拡大を見込んでいるからでしょう。ニッチ市場では、競合の登場は致命的です。一方、どんどん拡大している市場であれば、複数の企業が共に成長していくシナリオも考えられます。

　2000年代初頭の日本は、カフェのニーズが高く、スターバックス、タリーズコーヒー、ドトールコーヒーはお互いに激しく競争し、店舗数を増やしていましたが、全体の市場規模も伸びていたので、それぞれが発展していきました。

湯豆腐は国民食となれるか

　また毎日のように食べる人もいるハンバーガーや牛丼チェーン店も市場規模は大きく、複数の企業が共存できています。では湯豆腐はどうでしょうか？　もし牛丼のような「国民食」といえる存在になるのなら、大手の参入は市場拡大の起爆剤になるかもしれません。ですが、これまで幾度となく健康食ブームは訪れたのに、外食業界を脅かすような企業は現れていません。実際のところ、人はヘルシーな食事がいいとわかってはいても、高カロリーや脂肪たっぷりの食事の誘惑には勝てないものです。健康志向のお店に一定のニーズはあっても、なかなか大きく成長するところが見られない傾向があるのも留意しなければなりません。

　とはいえ、最近は「プラントベースフード（植物性代替食品）」が注目を集めており、豆腐が世界中で食べられる日が訪れるかもしれません。この問いは投資家自身が悩み抜き、答えを出すほかないのです。

Q.13 大手との提携で調べるべきこと？

ピンチのあとの大チャンス

株を売るかどうかで悩み、カルタくんは仕事が手につきません。唯一、ほっとできる時間は、ヒロカワ先輩とのランチタイムだけです。

「これから湯豆腐」の店内は相変わらずにぎわっています。カウンターには女性が半数。テーブル席には家族連れや外国人観光客が座っています。従業員は気持ちのいい笑顔で、いきいきと働いています。

そしてヒロカワ先輩はほんとにおいしそうに湯豆腐を食べています。その顔を見ていると、カルタくんは「たとえ大手でも、この味まではマネできない」と、株を売却しないことを決めました。すると、翌週ビッグニュースが飛び込んできます。株式会社ダイズがコンビニ大手と資本業務提携したのです。

Quiz **大手との提携のニュースに、カルタくんはどう反応するべきか？**

Ⓐ 大手との提携は大きな飛躍のきっかけになりやすい。買い増しを検討。

Ⓑ 店舗の味がどこまで再現できるかは現時点では不明。ブランド価値の低下を警戒する。

買い材料になる増資

コンビニでこれから湯豆腐のカップ湯豆腐が売られるようです。でも、あの濃厚な豆腐の味を再現できるのかなあ？

 それは実際に食べてみないとわかりませんが、とてもいいニュースですね。

本当ですか!? うれしいなあ。

 さらに大豆ミートを共同開発し、製品化していくらしいね。成功すれば新たな収益源になりそう。

しかし大豆ミートの研究開発のために「増資」をするようです。ニュースでは「増資により株の希薄化が懸念される」と報じられています。

 増資は、一般的には新しい株を発行して資金を調達することをいう。発行株数が増えるわけだから、企業価値が変わらなければ株価は下がる。でも今回のように、将来の成長のための前向きな投資が目的なら下がらないこともあるし、むしろ買い増しのチャンスかもしれないね。

たしかに！ 正解はもちろんⒶですね！

教えて エミン先生!

解説 大手との提携ニュースはビッグサプライズ

中小企業やベンチャーにとっては、大企業と手を組むニュースは株価に大きなインパクトがあります。業務提携や資本提携のニュースが発表されると、株価が大きく跳ね上がることも多いです。

提携の内容としては、共同で製品・サービス開発に着手したり、販路や技術に関するノウハウを共有するといったことが多く見られます。これらの業務提携は、ビジネスで協力していくことですが、そこからさらに一歩進んだ提携が資本提携です。業務提携よりも、資金面の協力を伴う資本提携のほうが結びつきは強く、これらを同時に行う「資本業務提携」が発表されることもあります。

資本提携のパターンとしては、大企業に株を持ってもらったり、株式を交換して互いに持ち合ったりするケースのほか、共同で子会社を設立するケースもあります。増資による提携もその1つ。提携先に向け、新しい株式を発行して株主になってもらい、資金を調達する方法を「第三者割当増資」といいます。

もちろん懸念事項もあります。

提携先のコンビニが「これから湯豆腐」の味をうまく再現できなければ、ブランド価値が傷ついてしまいます。地道に一店一店が努力して積み重ねてきた信頼が、全国規模で崩れ落ちるかもしれません。コンビニでインスタント商品を食べて、「ふーん、こんなものか」と思われたら、店舗に足を運んでもらえなくなることも考えられます。

また資本提携のために大企業に大量の株式を引き受けてもら

うと、大株主となった企業は経営や人事に介入するようになります。配当金の増額や経営効率化のためにリストラなどを求められるかもしれません。株主にとっては一見よさそうなことでも、イケメン若社長のもと、一枚岩となって急成長してきたこれから湯豆腐にとっては、経営方針の転換がリスクになることもあります。

Q.14 チャートの形で 売買タイミングがわかる？

ヘッド・アンド・ショルダーズ・トップってなに？

　大手コンビニとの提携が好感され、株式会社ダイズの株価はみるみる値上がりし、カルタくんが注目したときから4倍の2000円を超えました。

　何もしていないのに資産が増えていくのを見て、カルタくんは不思議な気分になりました。これはカルタくんの代わりにダイズの経営陣やスタッフが働いているからです。よく投資は「お金に働いてもらう」といいますが、その意味がわかってきました。

　そんなときに、また「儲かりまっせマン」が騒ぎだします。「これから湯豆腐の株価チャートに売りシグナルのヘッド・アンド・ショルダーズ・トップが現れた！　これはさすがにヤバイ。いよいよ暴落へのカウントダウンの始まりだ」
　暴落!?　カルタくんはすっかり動揺してしまいました。

Quiz　チャートに売りシグナルが出たときは売却すべきか？

Ⓐ チャートに出現した売りシグナルは確度が高い。今すぐ売却すべき。

Ⓑ チャートはあくまで売買のタイミングを判断するため補助的に用いるもの。

チャートだけで決めるのは早計

儲かりまっせマンが、暴落なんて言いだしたんですけど！

 まあまあ落ち着いて。

落ち着いてなんていられませんよ！　売りシグナルのようです。でも「ヘッド・アンド・ショルダーズ・トップ」てなんですか？　プロレスの技みたいですけど。

 ヘッド・アンド・ショルダーズ・トップはチャートの形で、高値圏でこれが形成されると上昇トレンドの終わりを示すといわれている。

それは大変だ！　暴落する前に売らなきゃ！

 チャートの形だけで、暴落と決めつけるのは大げさです。チャート分析はあくまで補助的に使うもの。ストーリー投資をしているのなら振り回されないように。

じゃあ、答えは⑧ですか。本当に暴落しないですかね？？？

正解は⑧だね。
暴落するかどうかは誰にもわからないけど、ストーリーが崩れてないのに、それだけで売るのはおかしいでしょう？ いい機会だから代表的なチャートのパターンを見てみよう。

解説 分析手法は大きく分けて2つ

投資の分析手法には、大きくわけて2つあります。
「ファンダメンタルズ分析」と「テクニカル分析」です。

これまでカルタくんは日経新聞や会社四季報、決算書を調べて投資してきました。これはファンダメンタルズ分析にあたります。企業の業績やビジネスモデル、財務状況などから投資判断をする手法です。

一方、過去の株価の動きをグラフ化した「チャート」を見て機械的に売買タイミングを判断する手法を、テクニカル分析あるいはチャート分析といいます。テクニカル分析は株価の方向性、買われすぎや売られすぎといった相場の過熱感を知るのに向いています。

また、チャートは特徴的な形を描くことがあり、この形が出たら上昇が加速しやすいとか、下落に転じやすいなどといったその後の株価を予測する投資家がいます。これを「チャートパターン」といいます。

代表的なチャートパターン

今回、話題になっている「ヘッド・アンド・ショルダーズ・トップ」は代表的なチャートパターンの1つで、別名「三尊天

井」とも呼ばれます。山が３つ、谷が２つの形。２つの谷（安値）を結ぶ線をネックラインといいます。ここを下回れば、上昇トレンドは下降トレンドに転換するシグナルといわれています。

　山が２つで谷が１つのチャートは「ダブル・トップ」と呼ばれています。アルファベットのＭのような形を描いて、高値圏でこれが出ると、下落に転じやすいとされています。

　もう１つ覚えておきたい形に「ソーサー・トップ」があります。高値圏で株価がもみ合いながら、徐々に上昇トレンドが衰えていき、ソーサー（皿）の曲線のように下降していきます。ソーサー・トップの始まりの安値であるネックラインを下回れば売りのシグナルです。

　これらの売りシグナルを逆の形にしたものを、それぞれ「ヘッド・アンド・ショルダーズ・ボトム」（逆三尊）、「ダブル・ボトム」、「ソーサー・ボトム」と呼ばれ、安値圏で発生すれば、買いのシグナルといわれています。

柱はファンダメンタルズ分析

　ファンダメンタルズ分析とテクニカル分析は、どちらが優れているといえるものではありません。デイトレーダーのように短期間で売買する人は、テクニカル分析を中心に取引しているようです。一方で中長期投資なら、ファンダメンタルズ分析を柱としてください。あくまでテクニカル分析は補助的なものです。特定のチャートパターンを形成したからといって、そのたびに売買していたら大きな利益は逃します。そもそもチャートパターンどおりに株価が動くとは限りません。

私の場合、チャートは株を買うときのタイミングを見計らうときに使う程度です。私の好きなチャートの形は、1か月単位（月足）でみたときに、長い間ジリジリと下がったあとに、底を打ってポンと移動平均線を下から上に突き抜けているものです。どれほど優れた投資家でも株価の天井と底はわかりませんが、この形は上昇トレンドの始まりの期待が持てます。これは株価が下がったところで買う「逆張り」になるので、株価が底を打ったかどうかを見極めなければなりません。「順張り」「逆張り」にかかわらず、ピンとくるチャートを見つけても、そこから新たなストーリーを描けるかどうかを徹底的に調べなければならないのは同じです。

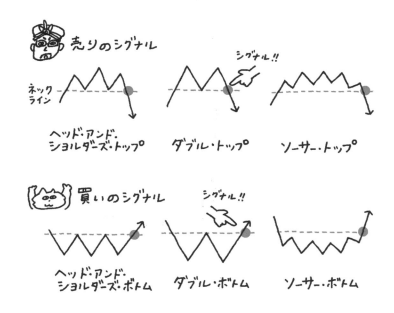

Column 10倍株こそ新NISAを活用

　2024年から新NISAが始まります。これまでの2つに分かれていた「つみたてNISA」と「一般NISA」が、新NISAでは「つみたて投資枠」と「成長投資枠」となり、併用ができるようになりました。非課税枠も生涯で1800万円（成長投資枠は1200万円まで）に大幅にパワーアップしています。

　通常なら株式の売却益には約20％の税金がかかります。それが免除されるので、大きな利益を期待できる10倍株狙いの投資ではぜひ利用したい制度です。さらに株を売却すれば、取得価格分の非課税枠が翌年以降、復活するため、何度でも10倍株投資にトライできます。つみたて投資枠は老後資金のために「長期・分散・低コスト」のインデックスファンドで運用し、成長枠投資は10倍株狙いと分けて運用してもいいでしょう。

	新NISA	
	つみたて投資枠	成長投資枠
年間投資枠	120万円	240万円
生涯投資枠	1800万円 （成長投資枠は1200万円まで）	
投資枠再利用	可能	
対象商品	長期の積立・分散投資に適した一定の投資信託	上場株式・投資信託等

Q.15 株主優待の廃止は即売り?

突然、舞い込む悲しい知らせ

　カルタくんのスマホに投資家に向けたお知らせが届きます。件名には【適時開示】とあり、資料のPDFを開いてみると、カルタくんの表情は凍りつきます。

「株主優待制度の廃止に関するお知らせ」

　株式会社ダイズの株主優待は、100株につきどんな定食でも無料になる優待券を1年に5枚贈るという大盤振る舞いでした。株主優待目当ての個人投資家もたくさんいます。

　カルタくんはあわてて証券アプリを開いて株価を確認します。案の定、ダイズの株価は大きく下がっています。

Quiz 人気の株主優待制度が廃止されたら株は売却したほうがいい?

Ⓐ 優待廃止は個人株主への裏切り。すぐに売却すべき。

Ⓑ 財政難による廃止か、ほかの株主還元への切り替えかを見極めるべき。

個人投資家に大人気の株主優待

これはショックです！　優待券じゃないと、期間限定の豪華なメニューは高くて注文できないのに……。

 それは残念ですね。

はあ、突然廃止だなんて、株主への裏切りです！

  株主優待は個人投資家に大人気ですから、カルタくんが株主優待を投資ストーリーの軸に描いていたのであれば、売りです。

優待券はうれしかったですけど、ぼくはあの味に感動して投資しているので、廃止になってもストーリーは変わりません。ただ……。

  どうしたの？

ヒロカワ先輩とランチにいったとき、株主優待券で会計をすると、なんか僕は特別な客だという優越感があったのに、それがなくなると寂しくなるなって。

  もしかして店員に威張った態度をとっていないよね？株主優待券は金券ショップでも買えるんだから、そんなに特別なことじゃないよ。

え！ あっ、見逃していたけど、もう1つリリースが あります！ ええと、タイトルは「剰余金の配当（初 配）に関するお知らせ」です。

 なるほど。これは悪いニュースではなく、いいニュー スかもしれません。これまでは成長投資を重視して配 当を行ってこなかったけれども、いよいよ配当を出す ことにしたのですね。

優待券をたくさんもらっても使わない人にとっては、 お金のほうがうれしいですね。正解は⑧か！

教えて！エミン先生！

解説 個人投資家に人気の株主優待も、プロには不評

　株主優待とは、上場企業が株主に対して贈るプレゼントのこ とです。一般消費者向けの企業であれば、自社製品や自社店舗 で使える割引券や金券を贈ることが多く、そうでない企業はク オカードやカタログギフトなど、各企業が趣向を凝らしていま す。上場企業の約3分の1がこうした優待制度を用意しており、 個人投資家の人気を集めています。

　ただし市場で株を売買するのは個人投資家だけではありませ ん。むしろプロである機関投資家のほうが割合としては多い。 **実は機関投資家たちから株主優待は不評なんです。**

　機関投資家からすれば、大量の湯豆腐の無料券を贈られても 使いきれません。また保有する株式枚数に関係のない優待もあ り、何万株も持っている機関投資家と、最低売買単位の100株 保有の個人投資家が同じ優待なのは平等ではないという意見も

あります。さらに株主優待は日本固有の商習慣で、対象も日本国内の株主に限定する場合が多く、海外の投資家は不公平に感じています。

　そのため最近は、株主優待を廃止し、株主還元を保有株式数に応じた現金配当にし、公平性を優先する方向に向かいつつあります。2022年の東証の市場再編で、上場維持に必要な株主数の基準が緩和されたこともあり、この流れは今後も続きそうです。

優待廃止で一時的には株価下落

　豪華な株主優待が大人気だったオリックスやJT、マルハニチロなどが2022年に相次いで優待廃止を発表しました。優待廃止は発表すると通常は、株価は一時的に下落しますが、すぐに戻して上昇に転じる銘柄もあります。いまは日本株の売買の過半数を占めているのは海外投資家ですから、配当金が増える優待廃止は必ずしも悪いニュースではありません。**ストーリーに変わりがなければ、買い増しのチャンス**になるでしょう。

　成長重視で株主への利益還元に消極的なベンチャー企業も、安定した利益を出せるようになれば、今回のクイズのように配当金を出すようになります。ただ実際のケースでは、もっと大きく成長してからになるでしょう。株主優待が日本特有の慣習であることを知らない方が多くいるようですので、少し無理な設定でも紹介したいと思い、クイズにしました。

Q.16 会社の不祥事で株価はどうなる?

経営者のスキャンダルが発覚！

　このところ、イケメン若社長がメディアをにぎわせています。

　自らが広告塔となり、「これから湯豆腐」を宣伝するのはいいのですが、時おりドヤ顔で意味不明なことを口走り、SNSでたびたびネタにされていました。会社が絶好調なので、どこか調子に乗っている感じもします。

　そこにスキャンダルが浮上！　かつて二股をかけられたうえ、婚約を破棄されたという女性が、週刊誌に告発したのです。

　メッセージアプリのやり取りでは、「おまえは絹ごし豆腐だが、たまには木綿豆腐も食べたくなる」「ほんとは肉が好き。家ではハンバーグが食べたい」「生意気いうな。豆腐の角で後頭部殴るぞ」など、不誠実極まりない問題発言の数々が……！

Quiz 会社トップの不祥事で株を売却するべきか?

Ⓐ 異性関係で誠実さを欠いたり恨みを買ったりするような人物は、一事が万事。経営や組織マネジメントに対しても脇の甘さがあるので売却を検討。

Ⓑ 経営手腕とプライベートでの異性関係はまったく関係ない。これで株価が下がればむしろ買いのチャンス。

ベンチャー企業の成功は
トップにかかっている

あーあ、これじゃあ女性客は逃げてしまいますよ。

 イケメン若社長のSNS更新がピタリと止まったし、会社のHPにはまだ反論も出ていない。どうやら報道内容は事実の可能性が高そうだね。

でも、どうなんでしょう。海外では政治家や経営者の異性問題には寛容だという話を聞いたことがあります。リーダーとしての資質や経営手腕とプライベートは無関係な気もしますが。

 それも一理あります。日本より厳しい国もたくさんありますが、イケメン若社長は独身ですから、あくまでも恋愛は個人の自由。でも何人も愛人がいてもスキャンダルが一切表に出ない経営者もいれば、こうやって週刊誌に載ってしまう人もいます。

そう考えると、過去に交際した異性から恨みを買うような人は、ビジネス関連でも同じように悪く思う人が多いのかもしれませんね。厳しいですが、答えはⒶですね。

10倍株の実現には強いリーダーシップを発揮できる創業者の存在が力になることが多いけれど、不祥事が与えるダメージも大きい。よくも悪くも、これから湯豆腐の未来は、イケメン若社長の双肩にかかっているといえるのです。

教えて！エミン先生！

解説 買いの不祥事と売りの不祥事

不祥事の発覚は、株価にはマイナスです。

ただ、その後の経緯を見てみると、長く株価が低迷するケースもあれば、しばらくすると何事もなかったかのように回復するケースもあります。後者の場合は結果として絶好の買い場でした。

では、買っていい不祥事と買ってはいけない不祥事は、どこが違うのでしょうか。

私は**組織全体に問題があり、構造的な不祥事の場合は、売り一択だと考えています**。たとえば、飲食店による食材の産地偽装やメーカーによる品質検査のデータ改ざん、リコール隠しなどです。これらは一部社員の独断ではなく、組織的な行為だと考えるのが自然です。企業風土や体質は問題が発覚しても、なかなか変わりません。組織の抜本的な改革がなければ、第2、第3の不祥事が出てくるのは時間の問題です。そして、残念なことに日本の多くの企業では、不祥事があっても大胆な改革はむずかしい。

一方で、**構造的な問題ではなく、偶発的な不祥事のケースだと企業の対応次第では買いのチャンス**になります。

「バイトテロ」のように、小売店や飲食店でアルバイト店員が

悪ふざけをした動画や写真をSNSに投稿するなどのケースです。こうした問題は社員教育や管理体制の不備こそありますが、個人の責任のほうがより大きい。企業が迅速に社内調査を進め、事実関係を明らかにし、具体的な再発防止策を実施すれば、投資家も納得するのではないでしょうか。

トップの不祥事は構造的な問題

　イケメン若社長の騒動は企業の構造上の不祥事ではなく、あくまでもプライベートなトラブルです。

　ただし創業者であり、筆頭株主でもあるイケメン若社長は、株式会社ダイズとはニアリーイコールな存在です。企業はよくも悪くも経営者の色に染まるものです。企業風土やビジョン、マインドは、すべて経営者によって形作られていきます。だから投資家目線では、プライベートの問題ではなく、企業の構造的な不祥事であると捉えたほうがいい。

　ベンチャー企業への投資は、経営者への投資といっても過言ではありません。10倍株を目指すストーリー投資は、社長の肩に乗せてもらって、その夢や目標をシェアすることにほかなりません。私は自分のプライベートをマネジメントできない人や不誠実な人に企業のかじ取りを任せたくはありません。でも決めるのはカルタくんです。いったいカルタくんはどう判断するのでしょうか？

Q.17 空売りを仕かけられたらどうする?

空売りのターゲットに……

　イケメン若社長のスキャンダルで株価が暴落するなか、カルタくんは「人の裏をいくのが僕の投資スタイルだ」と、エミン先生の言うことを聞かずに、残りの資金をすべて投じて買い増ししました。一世一代の大勝負に出たのです。

　ところが、またもや「儲かりまっせマン」が邪魔をします。「イケメン若社長の裏アカ発見!」と爆弾を投下。
「貧乏家族が記念日に湯豆腐で一家団欒している姿はあわれだな」「儲けの秘密は?って、どれだけ安く従業員をコキつかうかに決まっているだろう。記者はつまらん質問してくるな」
　またも目を覆いたくなるような投稿のオンパレード。イケメン若社長はまったく反省していないようです。儲かりまっせマンが、「これから湯豆腐に、みんなで空売りを仕かけようぜ。暴落株を狙うほうが手っ取り早く儲かる!　天誅でっせ」と投稿すると、株価は急下降。「空売りってなんだ!」とカルタくんは大混乱です。

ここで
問題です!
Quiz 「空売り」とはどういう取引か?

Ⓐ 手元にない株を証券会社から借りてきて売ること。

Ⓑ 本当は売る気がないのに注文を出し、すぐにキャンセルすること。

株価が下がれば儲かる「空売り」

やはりスキャンダル発生時に売っておくべきでした……。しかも空売りって、なに？　これからもっと株価は下がるのでしょうか？

空売りは、手元にない株を借りて売ることだよ。株や現金を担保にして証券会社から株を借りる「信用取引」を使うんだ。

株を持っていないのに売るなんて反則ですよ。いくらでも売れるじゃないですか？

空売りといっても、あとで株を買い戻さないといけない。株価が下がったところで買い戻して、借りた株を返せばその差額が利益になる。でも予想外に株価が上がれば損失を被ってしまう。普通の株式売買とは反対の仕組みだね。

うー、ちょっとヒドイ制度じゃないですか。売りが売りを呼んで、株式会社ダイズのように株価が急落してしまいます。

初心者にはむずかしいけど、取引の幅がぐんと広がるし、保有株が下落しそうなときは、リスクヘッジにも使えます。

正解はⒶですね。
それにしても、これ以上は下がらないだろうと勝負に
出たら、さらに下がるとは……。まだ含み益があるう
ちに全部売って、もう株には手を出しません（泣）。

それは狼狽売りだよ。さすがにこの裏アカは偽物のよ
うな気もするし、空売りが成功するとは限らない。少
し様子を見てみようよ。

教えて エミン先生！

解説 空売りは、下落で利益を出せる

　空売りとは、手元にない株を証券会社から借りて売ることで
す。株価が下がると儲かる仕組みはなかなかわかりづらいでし
ょう。

　そこで株をゲーム機に置き換えて説明してみます。カルタく
んは人気で生産の追いつかないゲーム機を持っています。でも
仕事が忙しく、ゲームをする時間がありません。そこで私がゲ
ーム機を１か月間、貸してもらいました。ゲームをするためで
はありません。ちょっとしたお金儲けができると思ったからで
す。人気高騰中のゲーム機なので、フリマサイトで売ると定価
の３倍で売れました。そして１か月後には、ゲーム機は増産の
おかげでフリマサイトでは定価割れ。私はゲーム機をそこで買
い戻し、カルタくんに返しました。この差額が私の儲けになり
ます。ゲーム機は私のものではないのに、借りて売るだけで利
益を出せました。

　一方でゲーム機の人気がさらに高まっていたり、増産がうま

くいかなければゲーム機の中古価格は定価の4倍、5倍になっていたかもしれません。そうすると、私は大きな損をします。ここで問題なのは、**ゲーム機の値下がり（儲け）は限度がありますが、値上がり（損）は天井知らず**ということです。

　普通は株価が上がったときしか利益は出ないのに、下がったときに利益の出る空売りを覚えれば、儲けのチャンスは2倍になります。しかし空売りができる信用取引はレバレッジ（少額な資金で大きな取引ができること）が効いているので利益も大きくなりますが、損も大きくなります。

　ニュースでもよく出てくるので取り上げていますが、**初心者は手を出さないのが賢明**です。ましてや、再三にわたり注意していますが、SNSの情報を安易に信じて、投資してはいけません。

騒動のその後‥‥

　さて、事態は思わぬ展開になったようです。

　イケメン若社長は記者会見を開き、週刊誌に掲載された事実を素直に認め、涙をこらえながら謝罪しました。告発した女性との示談成立、思いあがっていた振る舞いの反省、半年間の自身の役員報酬全額カットの処分を報告。また5年後をめどに、役員の半数を女性にし、女性がより働きやすい会社を目指すと誓い、次に不祥事を起こしてしまったら、社長を退くとも約束しました。

　一方で裏アカの存在はきっぱり否定し、儲かりまっせマンやSNSで誹謗中傷する人たちを訴えるとのこと。本業の業績は好調であることを強調しました。

この記者会見が好感されて、株価は急回復。空売りを仕かけた投資家たちは、損失の拡大を恐れて買い戻しを急いだため、株価の上昇に拍車をかけました。運がよかっただけともいえますが、カルタくんは勝負に勝ち、にやにやしながら証券口座の含み益を眺めています。

世界経済のなかのストーリー

マクロ視点のニュースで大局観を磨く

　ここまで架空の外食チェーン店「これから湯豆腐」の奮闘劇を見てきました。イケメン若社長のもと、乱高下を繰り返しながらも、順調な出店拡大によって株式会社ダイズの株価は10倍目前にまで迫ってきています。

　これまで取り上げたニュースは、決算や競合他社の登場、不祥事などです。これから湯豆腐と関係が深い、いわばミクロ視点のニュースでした。第 3 章では世界経済、金利や為替変動、失業率などの経済指標といった大きなニュースが登場します。マクロ経済の知識をもとに、ニュースと株との関係を紐解いていきます。**大局観を持てるようになれば、「いまは相場が悪いから休もう」とか、「景気が底を打ったから買いだ」などの判断ができるようになるでしょう。**

　経済ニュースはよくわからないという人もいますが、株を持っていると、カルタくんのようにニュースに敏感になります。1つのニュースが資産に大きく影響すると思えば、ニュースが自分ごとになるので、世界経済のことをもっと知りたいという気持ちも強くなるでしょう。

　とはいえ、株式投資には何よりストーリーが大切なことに変わりはありません。**ストーリーが生まれたら買って、崩れたら売る。実にシンプルです。**しかし10倍近くまで上がった株は早く売りたくなるもので、いつまでも売らない選択をするのはとてもむずかしい。私もはじめて10倍株を見つけたとき、ストーリーが崩れていないのに途中で手放してしまった経験があります。売らなければ数年後には40倍になっていました。でも、どんどん上がると、明日にでも急落するかもしれないと日々不安

になり、ホールドできなかったのです。もう十分に儲けたのだから、このあたりでいいだろうという理由で売ってしまったのです！

ストーリーが崩れるときは自然とわかる

　投資ジョークで「投資家がパフォーマンスを競い合ったところ、いちばん成績が良かったのはネット証券のパスワードを忘れて、取引できなかった人」というのがあります。こういうジョークが投資界隈でうけるのは、投資家はみな似たような経験があるからでしょう。

　ネット証券が普及し、気軽に売買できることもあって、必要のない売買を繰り返す投資家が多くなったような気もします。株の売買にはもっと多くの葛藤があるべきです。ストーリーを組み立て、ニュースで再点検していれば、無駄な売買は減らして最大限の利益を得られるはずです。

　かといって、ストーリーを妄信してはいけません。苦楽を共にし、儲けさせてくれた株には愛着が湧いてくるので、売るときが訪れているのを薄々感じていても手放さない人もいます。新しい出合いのためにも「さよなら」をしなければならないときもあります。ストーリーが崩れるときはいつか？　日々のニュースからストーリーを再点検し、ストーリーを信じてきたのでしたら、自然と株を手放すときはわかるものです。

Q.18 アメリカの利上げで日本株が下がる？

金利が株価に与える影響

　株式会社ダイズの業績は好調なのに、最近は株価がパッとしません。日経平均も上がったり下がったりを繰り返しています。

　とくにダイズと同じような成長株の多い東証グロース市場の値動きもさえません。市場全体のムードにつられて、ダイズの株価も下がっているようです。

　新聞を読むと、「アメリカの金利上昇が新興市場に逆風」と書かれています。どうしてアメリカの金利上昇が日本株、それもアメリカで商売をしていないダイズのような小型株の株価にまで影響するのか、カルタくんにはさっぱりわかりません。

Quiz アメリカの金利が上がったら、ストーリーは変わるの？

Ⓐ 金利より業績が大事。業績がいいのならば、ストーリーに変わりなし。

Ⓑ アメリカの金利が上がれば、不景気が到来するかも。ストーリーを練り直す。

金利が上がれば株価には
逆風が吹く

順調に株価が上がっていたのに、アメリカが利上げしてからずっと横ばいです。

 金利が上昇する局面では市場全体に逆風が吹いているような状態ですから、とくに東証グロースや米ナスダックのようなハイテクやベンチャーには試練のとき。

でも、アメリカの利上げなのに、どうして日本株にも影響するのですか？

 「アメリカがくしゃみをすると、日本は風邪をひく」とよくいわれています。日米の経済は密接につながっているし、日本株の売買の半数以上は海外の投資家によるものです。景気が悪くなると判断すれば、海外の投資家は資金を引きあげてリスクを抑えようとするからね。

え、景気が悪くなるのですか？　アメリカは好景気だって、ニュースが伝えていたばかりです。

 利上げするのは、景気が過熱ぎみで物価が上昇しているから。これを放置すると、物価がどんどん上がるインフレになってしまう。そこで中央銀行は金融引き締めで、物価を安定させるんだ。すると、市中に出回るお金が減って、やがては不景気に陥るという流れ。

なんと！　投資家はそこまで先読みしているか。答え
は⑧ですね。では不景気になるまえに株は売らない
と！

そう、正解は⑧。でも不景気になるからといってす
ぐに売る必要はない。まずは金利と業績の関係を整理
してみよう。

教えて エミン先生！

 金利と企業業績の関係とは？

　各国の中央銀行は、物価の安定に責任を持ちます。

　好景気で物価が上がれば（インフレ）、金利を上げて、お金
の貸し借りをしにくくし、景気の過熱を冷まします。反対に、
不景気になれば、モノやサービスを買う人は減るので物価は下
がります（デフレ）。そのとき中央銀行は金利を下げてお金を
必要とする人や企業が借りやすくして景気を刺激し、物価が上
がるようにします。

　これがおおざっぱな景気のサイクルになります。

　このサイクルは、4つの時期に分けて説明されることが多い
ですね。

景気サイクルは4つの相場に分けられる

　まず、中央銀行の金融引き締めによって、これから不景気が
訪れるのを織り込み、株価が下がり始める時期を「逆金融相
場」といいます。株価は景気を先取りする先行指数でもあり、
半年から1年ほど先の景気を反映しているので、企業業績が落
ち込みそうだと投資家が思い始めると実際は下がっていなくて
も株価は下がります。

家やクルマを買うときのローン金利が上がれば、買い控えが起きます。モノが売れないので物価は下がります。当然、企業業績は悪くなり、不景気に突入します。株はさらに売られます。この時期を「逆業績相場」といいます。

　投資家目線でいえば、金利上昇で、預金金利や国債の利回りが上がって年3〜5％の高い利率がつくようになれば、わざわざリスクの高い株を買う必要はなくなります。株式市場から資金は流出し、売買のボリュームも減ります。

　中央銀行は物価の安定だけでなく、失業率を抑えるのも大事な仕事です。不景気になれば、企業はリストラやレイオフ（一時解雇）をするので、失業率が上がります。過熱した景気を抑えようと金利を上げたところ、おうおうにして冷やしすぎてしまい、デフレになります。このさじ加減はむずかしく、中央銀行も手を焼きます。

　さて、そうなれば中央銀行は、景気刺激策に転換します。**金利を下げ、市中に出回るお金を増やします。**これでカネ余りの状態になるので、割安になっていた株式市場に資金が流れ込んできます。そろそろ景気回復が近いとの期待感から株価は上昇します。俗にいう「不景気の株高」です。この時期を「金融相場」といいます。

　景気刺激策がうまくいけば、好景気によって企業業績も回復します。実際に業績がアップすれば、株価はさらに割安になりますし、自社株買いや配当金アップなどの発表もあり、好循環から株価は上昇します。ここが「業績相場」になります。

中央銀行の金融政策と企業業績に着目し、景気サイクルを「金融相場」「業績相場」「逆金融相場」「逆業績相場」の４つに分ければ、市場全体の大きな流れを予測しやすくなります。

　さてアメリカが金利を上げ「逆業績相場」入りすると、なぜこれから湯豆腐の株が低迷するのでしょうか。詳しくみていきましょう。まず外国投資家たちは資金を外国（日本）から引きあげようとします。不景気到来に備えるために、**投資家は外国に投資するよりも自国に資金を戻し、守りのスタイルになる傾向があります。これはホームカントリー・バイアスと呼ばれています。**

　さらに**金利上昇局面はグロース株には強い向かい風となります。**グロース株は成長のために多額の資金を借り入れていますが、金利上昇局面でそのコストは増加します。また債券などの安全資産の利回りが高くなるため、わざわざリスクをとってグロース株に投資しようとする人が減ってしまうのです。

　４つの景気サイクルの循環によって、ストーリーは練り直しになります。これから湯豆腐にとっては我慢のときが続くでしょう。逆境下でどこまで成長できるのか見守りたいものです。

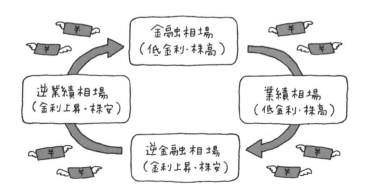

名作揃い！
金融業界が舞台の映画

　金融業界を描いた映画は数多くあります。人生を賭けた真剣勝負、高級スーツに身を包む金融マンたちのプライドの激突、欲望が渦巻くギラギラした世界は映画にうってつけです。

　私も金融がテーマの映画は大好きです。エディ・マーフィが出演している『大逆転』（1983年）、欲に目がくらみ道を踏み外してしまう『ウォール街』（1987年）、レオナルド・ディカプリオ主演の『ウルフ・オブ・ウォール・ストリート』（2013年）、サブプライム住宅ローン危機を題材にした『マネー・ショート 華麗なる大逆転』（2015年）など名作揃いです。

　なかでも私のお気に入りは『マージン・コール』（2011年）です。リーマンショックを題材に、投資銀行の1日の出来事を克明に描いています。とてもリアルで、テクニカル的な部分にも違和感はありません。最大の山場は生き残りをかけた会社内の心理戦。弱肉強食の世界では良識は通じません。いつも負けるのはいいヤツです。でも不思議と勝者を羨ましいとは思えません。自分勝手で強欲な姿を見ていると、反面教師として、人として大切なことがなんなのかわかってくるからでしょう。この映画は華々しい業界の闇をさらけ出し、いったい金融はなんのために存在しているのかという深い問いまで突きつけてきます。

　しかしこうして見てみますと、映画のなかでは金融業界は嫌われものですね。悪い連中が実際にいるのは事実ですが……。

Q.19 危ないインデックスファンドとは？

インデックスファンドの種類はいろいろ

　儲かりまっせマンは心を入れ替えたのか、最近は低リスクの投資先を紹介し、穏やかなSNS運営を心がけているようです。

　ところが、金利の急変で下落しているアメリカの代表的な株価指数に連動するインデックスファンドを売ろうとしているフォロワーには態度を一変させます。

　「大恐慌、ITバブル崩壊、リーマンショックのときでも、売らずに株を買い続けていれば、いまは億万長者です」「暴落時こそレバレッジ2倍、3倍で積み立てて、再び最高値を更新したときの勝者を目指すべき！」と主張しています。

　カルタくんは儲かりまっせマンの主張にも一理あるなと思っています。

ここで問題です！

Quiz **指数に連動するインデックスファンドは長期的には上がるので売らなくていい？**

Ⓐ インデックスにも種類がある。きちんと中身を確認するべき。

Ⓑ 資本主義経済が続く限り、市場の成長が続くので売らなくていい。

最高値を更新するインデックスは
長期積立向き

僕の周りに個別株は怖いから、投資信託やETFを積み立てている人がいます。

 投資信託（ファンド）はプロが投資・運用してくれる商品ですね。日経平均やNYダウなどの株価指数に連動するインデックスファンドと市場平均を上回るのを目標にしたアクティブファンドがある。そしてETFは個別株のように売買できる投資信託のことだね。

アメリカの代表的な株価指数は暴落しても数年待てば戻って、最高値を更新するから、インデックスファンドの積み立て投資は安全だってよく聞きます。

 インデックスファンドは複数の銘柄で構成されていて、分散投資の効果があり、iDeCoやNISAでも人気が高い。

では正解はⒷですか？

 と思いきや、正解はⒶなんだ。ひと口にインデックスファンドといってもそれぞれ特徴がある。長期投資には不向きなものもあるから、ちゃんとリスクを知ったうえで投資しないと後悔するかもしれない。

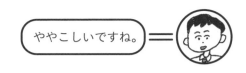

ややこしいですね。

解説 代表的なインデックスファンド

　歴史を振り返れば、どんな不景気のときでも、アメリカの代表的な指数であるダウ平均、S&P500、ナスダックに長期投資していれば、高いリターンを得られていたのは事実です。

　日経平均はバブル崩壊前の最高値を更新できていませんが、3万円台を回復しています。10年前には1万円だったのを考えれば上昇トレンドが続いているといえます。インデックスファンドは長期積み立て投資との相性がよく、毎月一定額を投資設定していればドル・コスト平均法といって、株価の下落時にはたくさん株が買えるので、株価が上がったときに大きな利益が出ます。

　ここで日米の5つの代表的な指数を見ていきましょう。

日経平均株価（日経225）

　東証プライム市場上場銘柄のうち国内を代表する225銘柄で構成。日本経済新聞社が選定。業種のバランスも考慮しています。

東証株価指数（TOPIX）

　日経平均株価と並ぶ日本の代表的な株価指数。「Tokyo Stock Price Index」の略。1968年1月4日の時価総額を100ポイントとし、現在の時価総額を算出。日経平均より幅広い銘柄によって構成されています。

S&P500

アメリカを代表する約500銘柄で構成。時価総額と業種のバランスを考慮しています。ビッグ・テックのグーグル（アルファベット傘下）、アップル、メタ（旧フェイスブック）、アマゾンのほか、エヌビディア、テスラも含まれます。

ダウ平均（ダウ・ジョーンズ工業株価平均）
1896年（30銘柄は1928年）からの歴史があります。「工業」と入っていますが、時代とともに変化し、現在はアップル、ウォルマート、ナイキ、ジョンソン・エンド・ジョンソン、ウォルト・ディズニー・カンパニーなど幅広い業種の企業から構成されています。

ナスダック

アメリカの代表的な市場には、ナスダックとニューヨーク証券取引所の2つがあります。世界最大の取引所であるニューヨーク証券取引所には、バークシャー・ハサウェイやJPモルガン・チェース、コカ・コーラなどの名門企業が上場。一方のナスダックは、アップル、マイクロソフト、アマゾンなどハイテク関連の新興企業が中心です。

ナスダック指数にはナスダック全体に連動する「ナスダック総合指数」と時価総額が大きい順に約100銘柄を集めた「ナスダック100」（金融は除く）があります。

老後資金の確保に力を発揮する

インデックスファンドは、構成銘柄が業績などによって自動的に入れ替わるので、投資の勉強をする時間がとれない人に向いています。少額ずつの積み立てもできるので、個別株と並行しても運用している人も多くいます。

しかし、インデックスファンドに投資しておけば、ほったらかしでも安心というわけではありません。思うようなパフォーマンスが得られない期間もあります。またなかには通常のインデックスとは反対の動きをするものや、儲かりまっせマンが煽っているようなレバレッジがかかったものもあります。一般的にレバレッジがかかったものは短期投資向けです。予想外の損失を被ることがありますので、インデックスファンドだからいつかは値上がりするから大丈夫と安易に考えず、中身をきちんと精査しておきましょう。

Q.20 為替の急変で株価はどうなる?

金利は為替にも影響を及ぼす

アメリカの利上げの影響を受けて、円安が進んでいます。

ニュースは「飲食業界は輸入食材への依存度が高く、仕入れ値が上がり、利益を圧迫している」と報じています。

「これから湯豆腐」も大豆はカナダとアメリカから輸入しているので、コスト増加が避けられません。薄利多売の外食チェーン店にとって、これは大きな痛手となりそうです。

為替相場の急変に株式会社ダイズの株価も低迷しています。10倍を目前に株価の足踏みが続きます。

Quiz 円安で輸入による調達コストが急増しています。
業績の悪化は避けられない?

Ⓐ 企業努力ではどうにもならない。赤字転落を覚悟する。

Ⓑ 販売価格に転嫁できればストーリーは維持できる。

アメリカの利上げで日本は円安になる

アメリカの利上げでどうして円安になるのですか？

 金利の高い国の通貨は、持っているだけで利子がつく。それで金利の低い円よりもドルを買いたい人が増え、円安ドル高が進んでいきます。

まったく迷惑な話ですね。

 アメリカの中央銀行（FRB）は物価のコントロールが重要な仕事だからね。

輸出産業が稼いでいる日本にとっては、円安のほうがいいとは聞きます。

 たしかに輸出企業にとって円安は歓迎だけど、為替が大きく動きすぎるのは考えものだよ。為替レートを予測したうえで、将来の業績計画を立て、それに沿って日々のビジネスを行っているから、いろんな計画を立て直さないといけなくなる。

外食産業はさらに大変でしょうね。

競争の激しい外食産業は、値上げはかなり勇気のいる決断になる。競合大手は値上げせずに、シェア拡大の好機と捉えて、消耗戦を仕掛けてくるかもしれません。

うーん、これから湯豆腐はどうだろう。値上げしてもお客さんは来てくれるかなあ？　1000円を超える湯豆腐ランチが受け入れられるのか心配です。

円安が続くなか、販売価格に転嫁できるかがカギになります。価格が上っても客離れが起きなければ、成長を続けられます。

正解は⑧ですね。どうなるか心配です。

教えて！エミン先生！

解説 1円動けば数百億円違ってくる

　為替の影響をどの程度受けるかは、企業によって大きく異なります。

　たとえばトヨタ自動車は、為替が1円円安になると営業利益が400億円増えるといわれています。飲食店の場合、為替の直接的影響はメーカーほど大きくありません。ただ食材の多くは外国からの輸入に頼っているので、円安になればコストは増えます。**長年、日本はデフレが続いていたため消費者は値上げに敏感です**。企業はお客さんが逃げてしまうことを恐れて、なかなか値上げができませんでした。

　これまで日本企業は、輸入コストが上がっても、いわゆる企業努力（コストカット）で値上げをしないようにしてきました。しかし2022年からの急ピッチの円安には、さすがに耐えられず、

値上げの決断をくだす企業が続出しています。

消費者にとってはつらい状況ですが、**ブランド力や競争力の
ある企業は値上げをしても売り上げが落ちないポジティブな値
上げができています**。値上げによって、収益が改善できれば、
従業員のための賃上げや株主のための増配と、好循環が生まれ
ます。

賃上げで優秀な人材を確保

これから湯豆腐も値上げを決断しました。

基本の定食メニューは800円台を維持しつつ、1000円を超え
る高付加価値メニューを拡充しました。それでも手軽に本格的
な湯豆腐を食べられる場所は限られ、また多くのファンに支え
られているブランド力の高さから、お客さんは離れなかったよ
うです。

さらにイケメン若社長は、従業員の賃上げを発表。人材獲得
競争が激しいなか、従業員を大切にする姿勢を打ち出しました。
人件費が膨らむので株価にはマイナスかと思いきや、逆に好感
され上昇。優秀な人材の囲い込みは長期的な成長にはプラスだ
と多くの投資家は考えるようになっています。

Q.21 戦争は買いか、売りか?

戦争で株価はどう動く?

　信じられないニュースが飛び込んできました。日本からはるか遠い地域で、戦争が勃発。軍事大国X国が歴史的に関係の深い隣国Y国に侵攻したというのです。

　いまやニュースはこの話題一色です。突然普通の生活が奪われて死の恐怖と隣り合わせにいる当事国の人たちのことを思うと、カルタくんも暗澹たる気持ちになってきます。ヒロカワ先輩は「こんなときは映画に何ができるのだろう……」とうつむいています。ふと株のことを思い出したカルタくんは、「戦争のときは、株をどうしたらいいんだろう」とつぶやきます。

　「こんなときにもお金儲けの話なの?」とヒロカワ先輩は、あきれた様子です。カルタくんは「マズイことを言ってしまった!」と悔やんだものの、後の祭りです。

Ⓐ Ⓑ ここで問題です!

Quiz 戦争が起きたとき、株はどうすればいいのでしょうか?

Ⓐ 世界が混乱し、株価は暴落に向かう。もしものときに必要なのは現金だから、さっさと売るべき。

Ⓑ 投資格言にある「遠くの戦争は買い。近くの戦争は売り」のとおり、戦争は特需が起きるので買いの場合もある。

戦争下でも株取引は続く

戦争が始まってしまいました！

 いつまで経っても、人類は同じ過ちを繰り返しますね。

でも、こんなときでも株は取引されるんですね。

 不謹慎に映るかもしれないけど、人々の生活が続く限りは、経済活動は続く。株の売買も私たちの生活を支える経済活動の一環だから、戦争でも途切れることはないよ。

株式市場も大きく下落はしているものの、ニュースでは「今年に入って3番目の下落幅」と報じています。もっと下がると思っていたので、ちょっと意外に感じました。

 投資家は何よりも不確実性を嫌います。戦争が起こるのかどうかわからないときは、資産を現金化してリスクを限定させるので、株価は一時的に急落します。しかし戦争が始まれば、基本、買いです。

戦争で儲かる企業があるのですか？

 もちろん。X国は資源大国なので原油価格の上昇は避けられないから、エネルギー資源や海運関連の銘柄は上がるでしょう。軍事産業は特需に沸くかもしれない。国防の重要性は高まり、軍事増強のための予算は通りやすくなるでしょう。

 では正解は⑧ですね。

教えて エミン先生!

 基本「戦争は買い」

戦争にまつわる投資格言で有名なものが2つあります。

「遠くの戦争は買い。近くの戦争は売り」
「戦争は号砲とともに買え」

格言どおり、戦闘が限定的ならば戦争は買いです。

戦争が始まる前は不確定要素が多く、株価は下落傾向にあります。それが一転、開戦すれば、一時的な急落はあるものの、過去の事例を見ても、多額の財政出動によって、その後、株価は上昇傾向となります。

たとえば、1990年に開戦した湾岸戦争では、アメリカ株は開戦直後こそ下落したもののすぐに上昇に転じています。2003年のイラク戦争では、開戦直後から4年後のサブプライム危機までの期間、8割近くも上昇しています。**開戦直前まで下落トレンドを描いていた日経平均株価も、開戦直後から上昇に転じ、サブプライム危機まで上昇を続けました。**

日本株も、日清戦争や日露戦争、第一次世界大戦、1950年の朝鮮戦争では、株価が上昇しています。日本そのものが焼け野原になった第二次世界大戦でさえも、戦時中の株価はそれほど大きな下落はしていません。

　一般的に値上がりが期待されるのは特需が予想される防衛銘柄、物価高騰のなかで値上げが容易で、インフレ調整に適した資源エネルギー関連、または「有事の金」といわれる金（ゴールド）です。金は現物取引だけでなく、商品先物市場での取引価格に連動するETFもあります。

　戦火を交えない冷戦はどうでしょうか。
　現在、新冷戦と呼ばれるように、アメリカと中国の対立は激しさを増しています。**この流れは、基本的には日本株には追い風です。**そもそも日本が経済大国になったのは冷戦があったからです。1950年の朝鮮戦争特需に始まり、地政学的に西側陣営の要衝である日本をアメリカは優遇してきました。しかし1989年にベルリンの壁が崩壊し、冷戦が終結すると日本の重要性は下がります。日経平均株価の最高値はベルリンの壁崩壊とほぼ同時期。そしてソ連崩壊の1991年に日本のバブル経済は崩壊しました。失われた30年の始まりです。

　再び世界は欧米と中露に分断され、サプライチェーンの再構築で日本に製造業が回帰しています。行き場を失った海外資金の一部は日本市場に流れ込んでいます。新冷戦の構造は、日本株、とくに日本の製造業にはプラスに働くでしょう。

投資から距離を置くのも正解

　これから湯豆腐にはどのような影響があるのでしょうか？

供給網の混乱、原油価格の高騰で大豆の輸送費は跳ね上がり、光熱費の値上がりも避けられないため、コストは膨れるでしょう。円安のため値上げしたばかりなので、さらなる価格転嫁に踏み込めるのか、正念場に差し掛かっています。

　それよりも戦争のときに投資を考えるのは、罪悪感を感じる人もいるでしょう。どうやらカルタくんもそのようです。
　ヒロカワ先輩にいわれた言葉がよほどショックだったようです。ヒロカワ先輩が主催した戦争難民を支援する映画上映会に参加したカルタくんは、こっそりと募金箱に数十万円を入れました。ダイズの株を売ったお金です。募金箱を見たヒロカワ先輩は「こんなに優しい人がいてうれしい」と泣いていました。カルタくんは、お金の正しい使い方を知ったようですね。

Column 魅力増す高配当投資

　株で儲ける方法は3つあります。売却益（キャピタルゲイン）、配当金（インカムゲイン）、株主優待です。株主優待はモノやサービスなので、実際には売却益と配当金で儲けることになります。

　このなかでいちばん利益が大きくなるのは売却益です。10倍まで伸びなくとも1年で2倍、3倍になる銘柄は多くあります。一方で、配当金目当ての投資も注目を集めています。

　配当金とは、株主に還元される利益のことです。権利確定日に株を保有していれば、配当金や株主優待を受け取れます。配当は年1、2回が多いですが、アメリカと同じように年4回出す企業もあります。一般的に配当利回り（一株当たりの年間配当金を、現在の株価で割ったもの）が3〜4％を超えると高配当銘柄。配当利回り5％の銘柄に6000万円投資すれば、年300万円の配当金を受け取れます（税引前）。一人暮らしなら配当金だけで生活できるかもしれません。

　最近は、株主還元を強化する流れのなか、企業は増配（配当金を増やすこと）にも積極的です。保有するだけでもらえる高配当株投資の人気は広がっていくでしょう。

　気をつけなければならないのは、高配当の企業には成熟産業が多く、成長スピードはゆるやか、または停滞しています。急な減配（配当金を減らすこと）、それによる株価下落のダブルパンチを受けてしまう可能性があります。

　いろんな投資スタイルを知るのはいいことですが、コロコロ変えないほうがいいでしょう。資産やライフスタイル、ご自身の性格などから、自分にあった投資スタイルを確立してください。

Q.22 株価に影響大の経済指標とは?

投資家は経済指標に一喜一憂

一時は大人しかった儲かりまっせマンがまた騒ぎ始めたようです。凝りずに「FRBの利下げは確実。FXでひと儲けしようぜ!」と煽っています。以前のように賛同コメントばかりではないものの、根強いファンはいるようです。

SNSではFRBの政策決定やアメリカの経済指標が発表されるたびに、トレンド入りするほど話題になっています。とくに発表と同時に大きな値動きをする雇用統計は、FXの投資家たちが欠かさずウォッチしているようです。しかしカルタくんは、経済指標はむずかしそうだし、数も多いのでウォッチする気にはなれず敬遠していました。

ここで問題です!

Quiz 日本株にだけ投資しているカルタくんも経済指標をチェックすべき?

Ⓐ アメリカの経済指標と日本の株は直接関係ないからスルーしてOK。

Ⓑ アメリカの経済指標から日本経済の先行きも予測できるからチェックしておこう。

アメリカの雇用統計は要チェック

アメリカ経済は日本の株価にも影響するというのは以前教わりましたけど、経済指標までチェックする必要があるんですか？　ちょっと僕にはハードルが高いんですけど。

 そうだねえ、アメリカの経済指標はFXトレーダーや短期で株を売買している人にとってはとても重要なんだけど、ストーリー投資をしているカルタくんだったら、血眼になって追いかける必要はないよ。

そうですよね！　答えは④ですね？

 そうとまでは言い切れないかな。経済指標から、経済がどう動いているかを定点観測して、景気の方向感をつかんだり転換点のヒントを得ることができたら、より精度の高いストーリーを描けるようになるし、投資がもっとおもしろくなると思うよ。

えーっ。これまでなんとかついてきたけど、今度こそむずかしそうでついていけない気がします……。

 大丈夫、経済指標はたくさんあるけれど、とりあえずはアメリカの雇用統計だけチェックしてみて。カルタくんもビギナーを卒業してワンランク上の投資家になれるでしょう。正解は⑧です。

教えて エミン先生!

解説 ストーリーの解像度が上がる

　経済指標は、景気や物価などの経済状況を示すデータを政府や中央銀行が数値化し、発表する統計データです。公的機関が定期的に集計・公表しているので、過去との比較や変化の状態を把握することができます。雇用統計、GDP、日銀短観などはニュースでも大きく報じられるので、聞いたことがある人も多いでしょう。

　日本株へのストーリー投資であっても、世界経済の視点が加われば、より精度の高いストーリーが描けるのはこれまで見てきたとおりです。経済指標はその点検にはうってつけのデータになります。経済指標はいろいろあるので、ぜんぶチェックしていると大変と思うかもしれませんが、**初心者の方はアメリカの「雇用統計」を見るだけでも十分です。**

　なぜ日本株投資なのに、アメリカの経済指標に注目するかといえば、やはり世界経済の流れはアメリカを見なければわからないからです。アメリカは世界のGDPの4分の1を占め、世界一の軍事力を背景に、国際政治を主導するリーダーでもあります。さらに詳しく世界経済のトレンドをつかみたいときは、ア**メリカ→日本→中国→EU（欧州連合）の順に経済指標を見ていくのがいいでしょう。**

雇用統計から景気の先行きがわかる

　アメリカの雇用統計は毎月第1金曜に発表されます。前月の経済状況を非常にタイムリーに発表しているわけです。とくに雇用統計のなかの「非農業部門雇用者数」「失業率」「労働参加率」の3つの数字を市場関係者は注視しています。

雇用統計は、景気変動の先行指標です。株価も先行指標（指数）でしたね。先行指標を見れば景気のサイクルを予測することができます。

　経済指標を調べるときは、事前予想の数字もあわせてチェックしなければなりません。**事前予想の数字と実際の数字との乖離が大きいほど、サプライズで市場へのインパクトが大きくな**ります。たとえいい数字でも、事前の想定どおりでは株価はそこまで動かないかもしれません。

Q.23 敵対的買収は好機?

棚からぼたもちに心が揺れ動く

朝、新聞を広げると、カルタくんは思わず、声をあげてしまいました。二番煎じの「追っかけ湯豆腐」を展開する大手外食チェーンA社が株式会社ダイズの敵対的買収を発表したのです。

現在のダイズの株価に30％を上乗せした価格でTOB（株式公開買い付け）を実施するとのこと。2分の1超の株式取得を目指し、もし成功すればイケメン若社長を解任して、A社から社長を派遣する計画です。

株主の利益を積極的に主張する物言う株主がイケメン若社長の女性問題を問題視し、A社と裏で手を組んでいたようです。このところダイズの株価は、上値が重くなっているので、カルタくんはTOBに応じて高値で株を売るのもアリかなと悩んでいます。

ここで問題です！

Quiz 一気に儲けのチャンス到来。
TOBに応じるべきか?

Ⓐ 30％の上乗せはチャンス。素直にTOBに応じるべき。

Ⓑ ストーリーが崩れていないのなら売るべきではない。

プレミアムがおいしいTOB

 追っかけ湯豆腐は思うように店舗数を増やせないから、資本力にものをいわせて、買収を仕掛けてきました。

 TOB価格は市場価格よりも高めに設定することが多い。その部分をプレミアムと呼びます。30%のプレミアムは魅力的だね。

 こんなチャンスはめったにないし、もう売ってもいいかなと思ってしまいます……。

 TOBは大きく資産を増やすチャンス。だからTOBされそうな銘柄を見つけて、投資する人もいるよ。

 なら正解はⒶでしょうか？

 とはいえ、上乗せは30%です。10倍株を目指すなら、誘惑に負けずストーリーを信じる力が試されます。

 そうですね。正解はⒷですね。短期間で儲けられるなら、売ってもいいかなと気持ちが傾いていました。ストーリーが崩れるまでは握っています！

解説 株式の過半数が争点になる買収劇

　株式を取得して会社の経営権を手に入れることを買収といいます。市場シェアの拡大や経営多角化のため、特許やノウハウ取得などさまざまな目的があります。今回のケースでは、「これから湯豆腐」の看板（ブランド力）が狙われたようですね。大手資本の「追っかけ湯豆腐」が「これから湯豆腐」を買収し、「追っかけ湯豆腐」のブランドを捨てて、「これから湯豆腐」に鞍替えするつもりなのでしょう。

　上場企業の経営権を手にするには、多くの株式を集めなければなりません。投資家が保有する株数（持ち株比率）によって、会社に要求できることが変わってきます。3分の1を手にすれば、大きく経営に関与でき、**過半数の株を持てば、ほぼ経営権を収められます**。そのため買収では発行済み株式の過半数を目指します。

プレミアムは魅力だが……

　市場で株を買い集める手法がTOBです。株主保護の観点から、TOBでは①希望価格、②株数、③目的などを明らかにしなければなりません。また買収する側は、多くの投資家に応じてもらうために、現在の株価に上乗せするプレミアムをつけます。TOBに応じるだけで、短期的に利益が出るので個人投資家には魅力的です。

　TOBで株式を取得して、上場廃止するケースもあります。親子上場（親会社と子会社が両方とも上場）の解消のために、2020年にNTTがNTTドコモに対して、持ち株比率を100%にして完全子会社化するためのTOBを実施しました。2022年には「やよい軒」「ほっともっと」を運営するプレナスが創業家による

TOBで、上場廃止しました。

　私が証券会社に入って、最初の仕事がTOBのお手伝いでした。買収を考えるほうは、たとえ30％のプレミアムをつけたとしても安いと考えているわけです。10倍株を目指すストーリー投資では、TOBが成功しそうかどうかを見極めてからでも遅くはありません。TOBが成功し、非上場化されるのなら手放すしか方法はありません。しかし今回のように買収される側の同意を得ていない敵対的TOBは失敗に終わる可能性も高いので、ストーリーが崩れていないのなら、惑わされずに結果を見守るべきでしょう。

Q.24 ストーリーが崩れる瞬間は?

自分のストーリーを信じる力

結局、「追っかけ湯豆腐」のTOBは失敗。投資家はイケメン若社長のもと「これから湯豆腐」の成長を支持する結果となりました。

安心して、これから湯豆腐でランチをとっていたカルタくんは、豆腐をひと口食べて「あれ?」と首を傾げました。周囲はいつも通り、にぎやかで、みなおいしそうに食べています。でも、なにかが違う。カルタくんは胸騒ぎがしました。

数日後、新聞に「これから湯豆腐、海外展開を発表」という記事が躍ります。海外進出に向け、豆腐の生産能力を強化するため、自社工場だけでなく、提携先の工場での委託生産も始めたようです。発表後、株価はうなぎのぼり。ついに株価は10倍を達成。しかし、あの濃厚な味をもう食べられないと悟ったカルタくんの心のなかではストーリーが音を立てて崩れ落ちます。

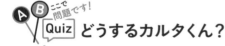

Quiz どうするカルタくん?

Ⓐ おいしい豆腐がストーリーの前提。それが崩れたのなら、株はすべて売却すべき。

Ⓑ 豆腐の味が落ちたのではなく、世界各地の工場で生産できる体制を整えたのだ。これは新たな成長ストーリーの始まり。

正解は自分しか知らない

あんなにおいしかったこれから湯豆腐の味が、なんだか変なんです！ レシピを変えて、自社以外の工場でも製造を始めたそうです。

  大規模な出店攻勢のためには仕方ないかもしれません。

もしかするとあの独特な濃厚さは、他社工場の設備では実現できなくて、普通の豆腐工場でもつくれる簡単なレシピに変えたなんてこと、あるのかな？

  あり得ますね。でも、そんなに味が変わっちゃったんですか？

変わりました！ ときどきしか食べない人はわからないレベルだと思うけど、何百回も食べてきた僕にはわかるんです！ もはや僕が好きだった「これから湯豆腐」じゃない。

  それは残念ですね。

本当にがっかりです。たしかに店舗をどんどん増やしてほしいとは思っていたけど、あの味を守ったうえでないと意味がないんです。あの味だったら、ライバルにも負けないって思えたのに。

でも、株価はぐんぐん上がっていますよ。

本当だ……。なんだか複雑な気持ちです。株価が上がってうれしいけど、応援する気持ちには、もうなれない気がする。正解はどっちなんだろう。

カルタくん、ここからはもう、私が正解を授けることはできないよ。すでにキミは、何も知らないビギナーではありません。自分自身で正解を見つけていくステージにたどり着いたんです。そして投資の世界では、答えは自分しか知らないのです。

ええっ、そんな！

教えて！エミン先生！

解説 新しいストーリーを描けるか？

　カルタくんが思い描いていたこれから湯豆腐のストーリーは、濃厚なとてもおいしい豆腐を使ったヘルシーな湯豆腐が、多くの人に支持されて店舗網を拡大していくという内容でした。

　株式会社ダイズは他社の力を借りてまで製造能力を増強し、海外へと店舗網を拡大しようとしています。株式市場はこのチャレンジを好感したようで、株価は急上昇しています。この海外進出が成功すれば、株価は10倍どころではなく、もっと上昇するかもしれません。

　イケメン若社長は、「SDGsの高まりに伴い、生産過程で温室効果ガスが発生し、環境負荷の大きい肉を食べることは若者を

中心に敬遠されるようになってきています。一方で、スポーツや健康への意識は高まっているので、良質なタンパク質はこれまで以上に求められる。いまこそ日本が誇るホットだけどクールな湯豆腐を世界に広めるときです！」と海外事業の成功を確信しています。カルタくんが思い描いていたストーリーよりも、もっと成長できる可能性が浮上してきたわけですが、カルタくんは不満な様子。リニューアル後の新しい豆腐の味にはやはり納得できないようです。

最後は自分で決めなければならない

　カルタくんはどっちを選択するのでしょうか。味が変わってしまった以上、成長は頭打ちになると判断して売却するか。海外にもファンを拡大してさらなる成長を遂げることを期待して、持ち続けるか。ストーリーの始まりをカルタくんが決めたように、終わりを決めるのもカルタくんにしかできません。

　投資では、どんな選択をしても、すべての結果が自分自身に降りかかってきます。だからこそ自分の頭で考え、自分で決断し、自分でストーリーを描き続けるのです。

　ひとりで決断するのは孤独で辛いものです。でも、そんなに心配しなくても大丈夫です。この物語を読み終えたのですから、一人前の投資家になるためのひととおりの洗礼を受けたのと同じです。迷ったときには、カルタくんとのこの旅を思い出してください。

　さあ、次はみなさんの番です。ふとひと息ついてみてください。これまでは見えなかったのに、いまなら周りにある10倍株が見えてきませんか？

Epilogue エピローグ

　右肩上がりの株式会社ダイズの株価をよそに、カルタくんはすべての株を売却しました。まったく後悔はしていないようです。まだまだカルタくんはお金持ちにはほど遠いですが、10倍株をつかんだカルタくんは、どこか堂々と見えます。映画を撮るために貯めていた50万円を数百万円に増やしたことで、自分に自信が持てるようになったのです。会社からもらう給料とちがって、これは正真正銘自分の努力と実力と運で稼いだお金です。

　カルタくんはヒロカワ先輩をデートに誘います。
「ぼくはお金持ちになりました。だから今度、デートに行きませんか？」
　ヒロカワ先輩は驚きました。
「お金持ちならデートすると思っているの？」
「ヒロカワ先輩の好みはお金持ちでしょう？」
「私お金持ちはタイプじゃないわよ」
　今度はカルタくんが驚きます。
「え？」
　カルタくんは盗み聞きしたことを謝りながら、説明すると……。
「ハハハ。それはレオ様のこと。みんなとレオナルド・ディカプリオの映画で、どの登場人物がタイプかを話し合っていたの」
　カルタくんはとんだ勘違いをしていたのです。
「じゃあ、どんな男性がタイプなんですか？」
「それは情熱を持っている人よ。もちろんお金は大切だけど、

どう使うかのほうがよっぽど大切でしょう。お金のために生きるのなんて退屈でしかないわ」
「じゃあ、ぼくとのデートは……」
「ごめんなさい。昔は口を開けば映画の話ばかりで、こんなに映画が好きな人と一緒にいられたら幸せだろうなと思っていたの。でも最近は、映画の話を全然しないし、スマホでも株価ばかり気にしていて、正直カッコ悪いよ」

　株を始めてからカルタくんは映画を見るよりも、株価のチャートを見る時間のほうが長くなりました。好きなヒロカワ先輩にふさわしい男になって、告白するためでした。それなのに、お金持ちにならないほうが付き合えたかもしれないというのは、なんという皮肉でしょうか。
　失敗していもいいから株に投資するのではなく、がんばって貯めた50万円で映画をつくっておくべきだったと、いまさらながらカルタくんは後悔しました。

　カルタくんはエミン先生に怒りをぶつけました。
「ヒロカワ先輩に振られたのは、エミン先生が僕をお金持ちにしたからだぞ！」
「お金持ちにして怒られるとは……。でも安心してください。まだまだカルタくんの資産では誰もお金持ちとは思ってくれませんよ」
「そんななぐさめうれしくないです。どうしたらヒロカワ先輩は振り向いてくれるんだ！」
「情熱のある人が好きだと教えてくれたじゃないですか。だっ

たらもう一度、脚本を書いて、映画を撮れば、きっとヒロカワ先輩は振り向いてくれますよ」

　カルタくんはしばらく黙り込んでから、ようやく口を開きます。

「ぼくには才能なんてないんです。薄々わかっていました。書いても書いても脚本は完成しない。早くこの苦しみから抜け出すために、諦める口実が欲しかった。エミン先生に出会って、投資にのめり込めました。毎日、株価を眺めたり、ニュースを読むのは楽しかったけど、本当は夢から逃げていたところもあります……」

　エミン先生は泣きだすカルタくんに優しく語りかけます。

「いまなら書けますよ。これが私からの最後のアドバイス。ほら、騙されたと思って書いてみなさい」

　気休めなんかいらないと思いながらも、カルタくんはパソコンを開きました。すると、これまでどれだけ悩んでも書けなかったのにスラスラと書けるのです。頭のなかからどんどんストーリーが溢れてきます。

「どうして？」

「それは、カルタくんが多くの人の人生を間近で見てきたからだよ。どんな逆境にも負けないイケメン若社長がいて、承認欲求にとりつかれた儲かりまっせマンがいました。『これから湯豆腐』に通うたび、おいしい湯豆腐をつくるために懸命に働いている人々、おいしい湯豆腐を食べて幸せそうな客の姿も見てきた。10倍株を探すまでに、カルタくんはこの世界をより深く知ったのです。株券は会社を取り巻く人間ドラマを特等席で観

られる映画のチケットです」

「エミン先生……」

「カルタくんは、ずっとストーリーを描き続けたんだ。あれだけ練習したのだから、いまなら脚本も完成しますよ」

　本当の願いは、いつの間にか叶っていたようです。

「お金がないと生きてはいけません。みじめな思いもします。すごく大切なものです。でも所詮、カネはカネです。いくら集めてもなにも生みだしません。カネが生みだせるのはカネだけ。そんなもののために夢を諦めないでほしいから、私は一人でもお金持ちを増やしたいのです。お金持ちとは、カネなんてつまらないものだと思えるぐらいのカネがある人です。金額の多寡は関係ありません。もう一度、夢を追いかけられるカルタくんはもう立派なお金持ちです！」

「うぅ……エミン先生、本当にありがとうございます」

「では、私は次のお金持ちになりたい人のところへ行かないといけないので、そろそろ失礼するよ。さようなら！」

　エミン先生はモクモクと煙になって消えてしまいました。

「ぼくは立派な映画監督になってみせます！　20年、30年経っても絶対に諦めません」

　それから数年後――。

　ついにカルタくんの映画が完成します。

　完成披露試写会には多くのマスコミが駆けつけました。

　新人監督の作品ながら、製作費は異例の10億円。しかもすべてカルタくんのポケットマネーです。

書き上げたカルタくんの脚本は、どの配給会社からも見向き
もされませんでした。昔のカルタくんならそこで諦めていたで
しょう。でも10倍株を見つけたカルタくんはタフになっていま
した。人の評価に左右されることなく、自分のストーリーを信
じたのです。再び、燃え上がる情熱の炎に突き動かされ「それ
なら自分でつくってやる！」と、決意しました。その後、投資
界隈では「10倍株ハンター」と呼ばれるほど、カルタくんは
次々と10倍株を見つけ、大成功。その全財産をつぎ込んで映画
を完成させたのです。

「夫が株長者から無一文に転落してしまって、結婚を後悔して
いませんか？」

　週刊誌の記者が意地悪な質問をカルタくんの妻にします。
「まったく後悔していません。昔に戻っただけです。私が好き
になったころ、お金はないけど情熱に溢れていたカルタくんに
また出会えて幸せです」

　そう答えたのはヒロカワ先輩でした！
　ヒロカワ先輩はカルタくんと結婚し、プロデューサーになっ
ていました。夫婦二人三脚で映画を完成させたのです。
　ヒロカワ先輩の答えに、カルタくんは涙ぐみました。
　でも、カルタくんはぐっと我慢します。
　泣くのは映画が終わってからだと決めています。

　さあ、場内が暗くなってきました。

そろそろみんなとお別れのときです。

　カルタくん、ヒロカワ先輩、イケメン若社長、儲かりまっせマン、そしてエミン先生。

　さよなら、さよなら、さよなら。

　いまスクリーンの幕が上がります。

Staff
デザイン　　　細山田光宣 ＋ グスクマ・クリスチャン（細山田デザイン事務所）
イラスト　　　山本ひかる
撮影　　　　　加藤岳
DTP　　　　　株式会社 Office SASAI
編集協力　　　森田悦子
編集　　　　　村田孔明

Emin Yurumazu

トルコ・イスタンブール出身。エコノミスト、グローバルストラテジスト、複眼経済塾取締役・塾頭。高校生のとき国際生物学オリンピックの世界チャンピオンになり、1997年に日本に留学。日本語能力試験1級を受けて、1年後に東京大学理科一類に合格。その後、同大学院で生命工学修士を取得。2006年に野村證券入社、投資銀行部門、機関投資家営業部門に携わった後、2016年に複眼経済塾の取締役・塾頭に就任。著書に『大インフレ時代！日本株が強い』（ビジネス社）、『世界インフレ時代の経済指標』（かんき出版）、『エブリシング・バブルの崩壊』（集英社）など多数。

一生使える投資脳のつくり方

発行日	2023年10月18日	初版第1刷発行
発行日	2023年10月20日	第2刷発行

著　者	**エミン・ユルマズ**
発行者	小池英彦
発行所	株式会社 扶桑社
	〒105-8070
	東京都港区芝浦1-1-1
	浜松町ビルディング
電　話	03-6368-8875（編集）
	03-6368-8891（郵便室）
	www.fusosha.co.jp/
印刷・製本	中央精版印刷株式会社